पैडल-पैडल

रचनाकार परिचय
नीरज मुसाफ़िर

मैकेनिकल इंजीनियरिंग में डिप्लोमा प्राप्त, नीरज मुसाफ़िर पेशे से दिल्ली मेट्रो में इंजीनियर हैं मगर यह केवल छद्म आवरण है; इनका असली परिचय यह है कि यह जीवट क़िस्म के घुमन्तू हैं। साइकिल से घूमने निकलते हैं तो हजारों किलोमीटर नाप डालते हैं; पैदल निकलते हैं तो हिमालय पर चढ़ बैठते हैं, बाइक से निकले तो पूरा भारत छान बैठे और कहीं रेल और बस यात्रा की बात हो तो कहने ही क्या... अपना देश पीछे छूट जाता है। यह अब तक केवल रेल से ही एक लाख सत्तर हज़ार किलोमीटर की यात्रा पूरी कर चुके हैं; पैदल तथा अन्य साधनों का हम केवल अनुमान लगा सकते हैं।

लेखक, वर्ष 2008 से अपना यात्रा-ब्लॉग लिख रहे हैं, जिसमें उनके द्वारा की गई सभी यात्राओं का सचित्र और रोचक वर्णन मिलता है। 2012 में लखनऊ में आयोजित हुए अंतरराष्ट्रीय हिंदी ब्लॉगर सम्मेलन में 'वर्ष के सर्वश्रेष्ठ यात्रा-ब्लॉगर' सम्मान से सम्मानित किये गये। 'दैनिक जागरण' और 'कादम्बिनी' समेत विभिन्न पत्र-पत्रिकाओं में यात्रा-वृत्तांत लेखन।

अन्य पुस्तकें : 'सुनो लद्दाख!' तथा 'हमसफ़र एवरेस्ट'

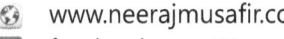 www.neerajmusafir.com
 facebook.com/NeerajMusafir
 musafirneeraj@gmail.com

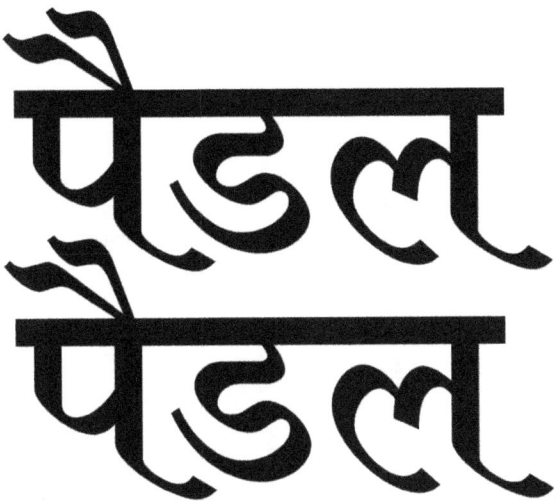

पैडल पैडल

यात्रा संस्मरण

नीरज मुसाफ़िर

redgrab books

सर्वाधिकार सुरक्षित :

यह पुस्तक या इसका कोई भी भाग लेखक की लिखित अनुमति के बिना पूर्ण या आंशिक रूप से इलेक्ट्रानिक अथवा यांत्रिक (जिसमें फिल्म/सीरियल/फोटोग्राफिक रिकार्डिंग/ पीडीएफ फारमेट भी सम्मिलित है) अभिलेखन विधि से या सूचना संग्रह तथा पुनः प्राप्त पद्धति (रिट्रीबल) अथवा अन्य किसी भी प्रकार से पुनः प्रकाशित, अनूदित या संचारित नहीं किया जा सकता।

पैडल-पैडल (यात्रा संस्मरण)
© : नीरज मुसाफ़िर

प्रकाशक	: रेडग्रैब बुक्स
	942, मुट्ठीगंज, इलाहाबाद-3 उत्तर प्रदेश, भारत
	वेबसाइट - www.redgrabbooks.com
	ईमेल - contact@redgrabbooks.com
संस्करण	: प्रथम, 2017
ISBN	: 978-93-87390-02-7
आवरण	: श्री कम्प्यूटर्स, इलाहाबाद
टाइप सेटिंग	: श्री कम्प्यूटर्स, इलाहाबाद

समर्पित

पाठकों को

आइये घूमने चलें

(अनुक्रम)

1. बतकही — 9
2. चलें तैयारी करें — 19
3. आइये चला जाए — 41
4. ये कहाँ आ गए हम — 93
5. जहाँ से आए थे — 141

1
बतकही

1
बतकही

साल 2012 की गर्मियों में मुझे साइकिल की ज़रूरत थी। मेरा ऑफिस मेरे ठिकाने से एक किलोमीटर दूर है, तो गर्मी में रोज़ पैदल आना-जाना भारी लगता था। हालाँकि एक किलोमीटर पैदल चलने में दस मिनट ही लगते हैं, लेकिन बोरियत होती थी। सोचा कि एक साइकिल ले लूँ; ऑफिस के साथ-साथ इधर-उधर के छोटे-मोटे काम भी हो जाया करेंगे।

और जब साइकिल लेने शाहदरा गया तो साधारण साइकिल भी तीन हज़ार से कम नहीं मिली। दुकान पर पतले पहियों वाली रेसिंग साइकिल भी खड़ी थी - हीरो की हॉक-नू-एज़। उसके दाम पता किये तो साढ़े तीन हज़ार निकले। जब साधारण साइकिल में और इस स्टाइलिश साइकिल में केवल 500 रुपये का ही अंतर है, तो क्यों न इसे ही ले लिया जाये। तेज़ भी दौड़ा करेगी और ऑफिस के साथ-साथ इधर-उधर घुमक्कड़ी भी हो जाया करेगी। आख़िरकार यही ले ली।

साइकिल लेकर शाहदरा से जब शास्त्री पार्क की ओर चला तो

भीड़ में इस पर बैठने की हिम्मत नहीं पड़ी। यह साधारण साइकिलों से ऊँची थी, और मुझे भीड़ में साइकिल चलाने का अनुभव भी नहीं था। हिम्मत करके बैठा और पहला पैडल मारते ही एक रिक्शा में टक्कर भी मार दी। फिर तो चार किलोमीटर तक पैदल ही आया। ऑफिस तक जाने वाली एक किलोमीटर की सड़क खाली रहती है, वहाँ इसे चलाने का अभ्यास किया।

एक बार इसे लेकर मेरठ के लिये चला। हमारा गाँव शास्त्री पार्क से 80 किलोमीटर दूर है। गाज़ियाबाद तक घंटे भर में पहुँच गया। आनंद आ गया।

लेकिन जब तक मुरादनगर गंगनहर पर पहुँचा, तो सारा जोश ठंडा पड़ चुका था। अब तक मैं चालीस किलोमीटर दूर आ चुका था। अभी भी इतना ही और चलना था। तारे दिखने लगे। आख़िरकार नहर वाला रास्ता पकड़ लिया, क्योंकि मुझे चक्कर आने लगे थे और मैं उस अति व्यस्त मेरठ रोड पर किसी ट्रक या बस के नीचे नहीं गिरना चाहता था।

किसी तरह घर पहुँचा। जाते ही साइकिल एक तरफ़ फेंक दी। घरवालों और पड़ोसियों ने अच्छी-ख़ासी सुनायी। अगले दिन जब वापस दिल्ली के लिये चला तो साइकिल की तरफ़ देखने का भी मन नहीं हुआ। कई दिनों बाद घरवाले ही उसे दूध के ट्रक पर लादकर दिल्ली पहुँचा गये। ऊपर से लेकर नीचे तक पैरों का जो हाल हुआ, बताने लायक नहीं है।

इससे एक सबक मिला कि साइकिल से लंबी घुमक्कड़ी नहीं हो सकती। हो भी सकती है, लेकिन लंबे अभ्यास की आवश्यकता है; लद्दाख तो उस समय परिदृश्य में कहीं नहीं था।

इस घटना के दो सप्ताह बाद ही फिर से साइकिल उठा ली। अब की बार गुड़गाँव पहुँच गया। एक जानकार हैं गुड़गाँव में - योगेन्द्र सोलंकी - उनके यहाँ रुका और अगले दिन वापस दिल्ली। तीस किलोमीटर जाना और अगले दिन इतना ही वापस आना, काफ़ी

मज़ेदार रहा। इस बार कोई परेशानी नहीं हुई।

इतना होने के कुछ महीनों बाद फिर से साइकिल उठायी और चल दिया पुनः मेरठ की ओर। मुरादनगर पहुँचकर पिछले अनुभव से तुलना की तो आश्चर्यजनक परिणाम निकले। इस बार लगा कि कुछ भी ऊर्जा नष्ट नहीं हुई है। अभी भी मैं तरोताज़ा महसूस कर रहा था। इतना तरोताज़ा कि उस दिन 80 किलोमीटर चलाने के बाद अगले दिन दिल्ली भी साइकिल से ही लौटा।

एक मित्र हैं करण चौधरी, जो एम.बी.बी.एस. डॉक्टर भी हैं। हमारी जान-पहचान साइकिल के कारण ही हुई थी। करण ने तब नई साइकिल ली थी - गियर वाली। उसने 'इंडियामाइक' वेबसाइट पर पूछा कि दिल्ली से पचास किलोमीटर की रेंज में कौन-सी ऐसी जगह है, जहाँ आसानी से साइकिल से जाया जा सकता है। संयोग से वो प्रश्न मेरे सामने भी आ गया। मैंने बता दिया कि सुल्तानपुर नेशनल पार्क चले जाओ; बस, हो गयी जान-पहचान।

इसके बाद काफ़ी समय तक करण की साइकिल भी मेरे पास कई दिनों तक खड़ी रही। मेरी वाली साइकिल में गियर नहीं थे, जबकि करण वाली में गियर थे। हालाँकि हर साइकिल में गियर होते हैं, लेकिन साधारण साइकिलों को गियरलेस साइकिल ही माना जाता है। जब करण की साइकिल कई दिनों तक चलायी, तो मुझे भी तलब लग गयी गियर वाली साइकिल लेने की; लेकिन ऐसी साइकिलें ज्यादा खर्चे की माँग करती हैं।

और लो, खर्चा भी मिल गया। दीवाली पर ऑफ़िस से जी भरकर बोनस मिल गया। इतना बोनस आज तक कभी नहीं दिया गया था। इधर बोनस आया और उधर एक महँगी साइकिल ले ली। दिल पर ज़ोर तो बहुत पड़ा, लेकिन वो बोनस की थी, इसलिए दिल जल्दी मान भी गया। पंद्रह हज़ार की थी यह साइकिल।

इतनी महँगी साइकिल! जिससे भी बताता, कोई यक़ीन नहीं करता। घरवालों से तो पाँच हज़ार की ही बतायी। सुनते ही उनकी

आँखें चौड़ी हो गयीं - इतनी महँगी! कुटाई नहीं हुई, यह गनीमत रही।

लेकिन इससे केवल ऑफिस ही आना-जाना लगा रहता; वहाँ बाक़ी मित्र और सफ़ाईकर्मी इसे चलाते रहते, तो यह मुझे सफ़ेद हाथी लगने लगी। पंद्रह हज़ार रुपये बर्बाद हो जाने का अवसाद होने लगा। यही काम इससे पहले वाली साइकिल भी कर रही थी। फिर क्यों ली यह इतनी महँगी? इससे क्या 'आउटपुट' निकल रहा है? इससे अच्छा तो कुछ और पैसे लगाकर मोटरसाइकिल ले लेता।

तब अक्टूबर 2012 में पहली बार विचार आया - इससे मैं लद्दाख जाऊँगा।

उस समय तक मैं कभी भी लद्दाख नहीं गया था। मोटरसाइकिल से तो बहुत-से लोग जाते हैं। तब तक मेरी जान-पहचान में कोई भी साइकिल से लद्दाख नहीं गया था। मैं जाऊँगा। साइकिल की कीमत ऐसे ही वसूल होगी; बाक़ी कोई और तरीक़ा नहीं है, कीमत वसूलने का।

इसके लिये अभ्यास करना पड़ेगा - ख़ासकर पहाड़ों में साइकिल चलाने का अभ्यास। सबसे पहले गया नीलकंठ महादेव। ऋषिकेश से नीलकंठ तक सड़क मार्ग से चढ़ाई ज्यादा नहीं है, फिर भी जान निकाल दी इसने। इससे पहली बार एहसास हुआ कि बेटा, लद्दाख उतना आसान नहीं होने वाला। यहाँ एक हज़ार मीटर पर साइकिल नहीं चढ़ाई जा रही, वहाँ पाँच हज़ार मीटर भी पार करना पड़ेगा। वापस आकर फ़िर निराशा में डूब गया कि पंद्रह हज़ार की साइकिल बेकार चली जायेगी।

लेकिन हिम्मत नहीं हारी। एक योजना बनानी आवश्यक थी। दूसरों के यात्रा वृत्तांत पढ़े। दूरी और समय के हिसाब से गणनाएँ कीं। लेकिन वो गणना किस काम की, जहाँ अनुभव न हो? साइकिल यात्रा का पहला अनुभव मिट्टी में मिल गया। यह किसी काम नहीं आया। भला 600-700 मीटर की ऊँचाई पर साइकिल चलाना 4000-5000 मीटर पर चलाने की बराबरी कर सकता है? कभी नहीं।

उसके बाद राजस्थान ले गया साइकिल को। ढाई सौ किलोमीटर चलायी, लेकिन घर लौटा तो फिर से वही बात सामने आयी। जयपुर से पुष्कर; और वापसी में कहीं भी पहाड़ नहीं हैं। सीधी चकाचक सड़क... लेकिन यहाँ एक अनुभव मिला कि लंबी दूरी की साइकिल यात्रा में पिछवाड़े की ख़ैर नहीं।

सर्दी आ गयी। पहाड़ों के सभी ऊँचे रास्ते बंद हो गये, लेकिन लद्दाख जाने की चाहत कम नहीं हुई। उन्हीं दिनों साँपला जाना पड़ा। दिल्ली से करीब पचास किलोमीटर है। वापस भी साइकिल से आया। एक चक्कर मेरठ का भी लगाया। हर बार साइकिल उठाने से पहले ज़बरदस्त उत्साह रहता, लेकिन तीस-चालीस किलोमीटर चलते ही मन में आता कि कहीं छोड़ दूँ साइकिल। चलने से पहले लद्दाख दिखायी देता, लेकिन तीस-चालीस किलोमीटर के बाद - भाड़ में जाये लद्दाख!

इतनी यात्राओं ने एक अनुभव और दिया; वो यह कि अब लंबी दूरी पर साइकिल नहीं चलानी है। जब साइकिल नहीं चलाता तो एक हसरत-सी रहती कि ले चल इसे कहीं दूर, लेकिन जब ले चलता तो छोड़ देने का मन करने लगता। सोच लिया कि बेटा, अगर लद्दाख जाना है तो किसी भी हालत में लंबी दूरी पर मत चला। जिस दिन भी लंबी दूरी पर चला ली, उसी दिन लद्दाख की हसरत मिट जायेगी। इस नियम का कड़ाई से पालन किया।

इसका सीधा यही नुकसान हुआ कि अभ्यास नहीं हो पाया। कोई बात नहीं। मन को समझाया कि तूने अभी तक जितनी भी साहसिक यात्राएँ की हैं, सभी बिना अभ्यास के की हैं। मत कर अभ्यास! होने दे रोज़ हसरतों को इकट्ठा। ये एक दिन विस्फोट के साथ बाहर निकलेंगी और दुनिया देखेगी तुझे लद्दाख वाली सड़क पर।

मार्च 2013 में मन में आया कि कुछ तो अभ्यास होना ही चाहिये। दुनिया की सबसे ऊँची सड़क पर तुझे जाना है। जाने से पहले थोड़ा-बहुत अभ्यास कर ले। हिमाचल में करसोग की योजना बना ली।

छुट्टियाँ भी ले ली, लेकिन ऐन समय पर सद्बुद्धि आ गयी। नहीं, अभ्यास बिल्कुल नहीं; थकान तो होगी ही, लेकिन अगर उम्मीद से ज्यादा थकान हो गयी तो लद्दाख फिर भाड़ में चला जायेगा।

इसी दौरान मित्र विपिन गौड़ ने भी करसोग साथ चलने की इच्छा ज़ाहिर की। मैंने साफ़ मना कर दिया कि साइकिल को हाथ भी नहीं लगाऊँगा। क्यों? क्योंकि मेरे बस की ना है। इस तरह की बात जितना ज्यादा लिखता, जितना ज्यादा पढ़ता; उतना ही ज्यादा अंदर कुलबुलाहट होती। बेटा, इसी तरह कमज़ोर बना रह, मरियल बना रह; लेकिन अचानक जिस दिन तू वहाँ जायेगा, उस दिन का आनंद ही निराला होगा।

और आख़िरकार ओखली में सिर डाल दिया। कहावत तो यह है कि ओखली में सिर डाला तो मूसल से क्या डरना? लेकिन जब सिर डालते ही मूसल पर मूसल पड़ने लगें, तो क्या करोगे! रोज लद्दाख को भाड़ में पहुँचाता। रोहतांग पार हो गया, केलांग पार हो गया, बारालाचा पार हो गया। सब धीरे-धीरे पीछे छूटते चले गये, लेकिन एक दिन भी ऐसा नहीं आया, जब लद्दाख भाड़ में न गया हो। सामने से दिल्ली की बस आती दिखती, ट्रक आते दिखते, तो तीव्र इच्छा होती कि डाल दूँ साइकिल इसमें। कभी-कभी मन में आता कि फेंक दूँ साइकिल को किसी खाई में; न रहेगा बाँस, न बजेगी बाँसुरी।

लेकिन अब महसूस हो रहा है कि मैंने क्या हासिल कर लिया। अब एक विजेता-सा एहसास हो रहा है। आश्चर्य हो रहा है कि लद्दाख चला गया मैं साइकिल से! पाँच हज़ार मीटर ऊँचे रास्तों को लाँघते हुए। उस ऊँचाई पर मैं साइकिल के साथ था, जहाँ अच्छा-ख़ासा इंसान ऑक्सीजन सिलेंड़र माँगने लगता है। जहाँ हवाओं और इंसान के बीच जंग चलती रहती है। जहाँ धूप में बैठो तो जल जाओगे, छाँव में बैठो तो जल जाओगे - धूप से और पाले से। जहाँ खतरनाक नाले हैं, जिनकी आवाज़ ही सारे मनोबल को धराशायी कर देने के लिये काफ़ी है। दुनिया के इस सबसे ऊँचे और सबसे ठंडे मरुस्थल में

हवाएँ बड़ी जानलेवा हैं। कहा तो यह जाता है कि यहाँ पसीना नहीं आता, लेकिन उन्हें क्या पता कि पसीना तो आता है, लेकिन हवाएँ इतनी प्यासी होती हैं कि शरीर के अंदर से भी नमी को खींच निकालती हैं।

यह सब किसी डरावनी फिल्म की तरह लगता है; लेकिन मुझे गर्व है कि मैं ऐसे रास्ते पर साइकिल से गया था। मैं लद्दाख साइकिल से गया था... हाँ!

2
चलें तैयारी करें

* साइकिल / 21
* नीलकंठ महादेव की यात्रा / 25
* जयपुर, पुष्कर, सांभर झील, जयपुर यात्रा / 32

2
चलें तैयारी करें

साइकिल

मेरे पास साइकिल का जो भी मॉडल है, वह ज्यादा मायने नहीं रखता; लेकिन इसमें जो-जो सुविधाएँ हैं, वे मायने रखती हैं। सबसे मुख्य बात कि यह एल्यूमिनियम की बनी है। एल्यूमिनियम हल्का होता है, लेकिन स्टील के मुकाबले महँगा भी है। अगर कोई साइकिल दस हज़ार से ऊपर की है, तो समझिये कि वह एल्यूमिनियम की होगी। वैसे अब कार्बन फ़ाइबर की भी साइकिलें आने लगी हैं, जो एल्यूमिनियम से हल्का होता है, लेकिन महँगा भी होता है। रिम भी एल्यूमिनियम के ही हैं। वैसे तो गियर वाली साइकिलें पाँच - साढ़े पाँच हज़ार से शुरू हो जाती हैं, लेकिन वे निःसन्देह स्टील की होती हैं, यानी भारी। साइकिल अगर शहर में चलानी है या रोज़ की दिनचर्या में चलानी है तो स्टील बुरा नहीं है; गियर के गियर और सस्ती भी... लेकिन लद्दाख में जितनी हल्की हो, उतना अच्छा।

दूसरी चीज है इसमें - गियर। 7 गुणा 3 का गियर अनुपात है यानी इसमें 21 गियर हैं। सात गियर पीछे और तीन गियर आगे। कुछ साइकिलों में 18 गियर होते हैं यानी, 6 गुणा 3 का अनुपात। अगर दैनिक कार्य के लिये साइकिल चाहिये तो गियर की कोई आवश्यकता ही नहीं है। पहाड़ों के लिये गियर उपयोगी हैं। जब पहली बार गियर वाली साइकिल लेते हैं, तो यह ख़राब भी जल्दी हो जाती है; इसका कारण है गियरों के साथ अनावश्यक छेडछाड़। जैसे कि खड़ी हुई साइकिल के गियर बदलना। ऐसा करने से गियर तो नहीं बदले जा सकते, लेकिन गियर शिफ्टिंग मशीन पर अनावश्यक दबाव पड़ता है; वह गुस्सा भी हो जाया करती है। हमेशा चलती साइकिल में ही गियर बदलने चाहिये।

इसमें डिस्क ब्रेक हैं - दोनों पहियों में। दो तरह के ब्रेक होते हैं - एक डिस्क, दूसरे पावर ब्रेक। आम साइकिलों में पावर ब्रेक होते हैं। कहा जाता है कि पहाड़ों के लिये डिस्क ब्रेक ज्यादा उपयोगी हैं, लेकिन मुझे नहीं लगता कि पावर ब्रेक भी कम उपयोगी होते होंगे। एक तो पावर ब्रेक की मरम्मत करना बहुत आसान है; फिर डिस्क ब्रेक साइकिल की कीमत बढ़ा देते हैं। दूसरी कमी है डिस्क ब्रेक की, कि अगर इसमें कोई ख़राबी आ गयी तो इसे ठीक करना आसान नहीं है। ब्रेक अगर घिस जायें तो उन्हें बदलना आसान नहीं। किसी भी साइकिल की क्षमता तभी आँकी जाती है, जब वह ख़राब हो जाये। मुझे भी इस डिस्क ब्रेक ने लद्दाख जाने से पहले तक बहुत परेशान किये रखा। कई महीनों तक साइकिल मात्र अगले ब्रेक पर ही चलाई। पिछले पहिये के ख़राब डिस्क ब्रेक ने कई मिस्त्रियों को फेल कर दिया। लेकिन आख़िरकार मेरा मैकेनिकल इंजीनियर होना काम आया। लद्दाख जाने से पहले ब्रेक ठीक हो गये। गनीमत रही।

एक और ख़ूबी है, तुरंत अलग किये जा सकने वाले पहिये। एक्सल के एक तरफ़ एक लीवर है, जिसे मामूली-सा घुमाने पर पहिया आसानी से निकाला जा सकता है। यह सुविधा इस साइकिल के दोनों पहियों में है। पंचर होने की दशा में यह तकनीक बड़ी कारगर है।

शॉकर केवल अगले पहिये में है। अगला पहिया साइकिल को गाइड करता है, इसलिये इसमें शॉकर होना ठीक ही है। पिछले में शॉकर न भी हो, तो कोई बात नहीं। और शहरों में, दैनिक कामों के लिये तो कभी भी शॉकर की आवश्यकता नहीं होती। साधारण साइकिल में शॉकर नहीं होते। शॉकर का फ़ायदा केवल ऊबड़-खाबड़ रास्तों पर ही है। शॉकर का एक नुकसान और भी है। यह साइकिल की स्पीड़ को कम कर देता है। हम बल ज्यादा लगाते हैं, हमें स्पीड़ कम मिलती है... हालाँकि ऐसा कुछ भी महसूस नहीं होता, लेकिन यह बात तब मायने रखती है, जब आप साइकिल दौड़ में हिस्सा ले रहे हों।

साइकिल में कुछ परिवर्तन भी करने पड़े। सबसे पहले कैरियर लगाना पड़ा। इसमें पहले से कैरियर नहीं लगा था। जिस दुकान से साइकिल ली, उसी से कैरियर लगाने को कहा। सबसे पहले दिक्कत आयी कि एक्सल पर्याप्त लंबा नहीं था। इस पर एक तरफ़ गियर शिफ्टिंग मशीन लगी थी और दूसरी तरफ़ डिस्क ब्रेक। इनकी वजह से एक्सल बिल्कुल भी अतिरिक्त बाहर नहीं निकला था। इसे हटाकर लंबा एक्सल लगाया गया, लेकिन वह भी पर्याप्त नहीं हुआ। किसी तरह ज़ोर-ज़बरदस्ती करके कैरियर लगा तो दिया, लेकिन वह डिस्क ब्रेक से छेड़छाड़ करने लगा। डिस्क ब्रेक समस्या करने लगा।

लद्दाख जाने के लिये न तो कैरियर हटा सकता था, न ही डिस्क ब्रेक, इसलिये दोनों का ही विशेष ध्यान रखा। देसी जुगाड़ करके कैरियर भी लगा दिया और डिस्क भी छेड़छाड़ से आज़ाद हो गया। ऐसा करने से कैरियर सामान्य से पाँच-छह इंच ऊपर हो गया। इस पर सामान रखने से साइकिल का गुरुत्व केन्द्र भी सामान्य से ऊपर पहुँच गया। इसका नुकसान यह हुआ कि साइकिल सामान्य से कहीं अधिक असंतुलित हो गयी। इसके अलावा कोई अन्य विकल्प भी नहीं था।

साइकिल से दोस्ती करना भी आवश्यक था। इसे खोलना जोड़ना सीख लिया। पंचर भी लगाना सीखा। कई बार अभ्यास के लिये नकली पंचर भी लगाया। पिछले पहिये की 'ऑरीजिनल

एक्सल' हटाकर उसकी जगह दूसरी लंबी एक्सल लगायी थी; फिर इसमें पूरा गियर सिस्टम भी लगा था, इसलिये इसे खोलना व पुनः जोड़ना टेढ़ा काम था। फिर भी मैं पिछले पहिये को निकालकर, पंचर लगाकर पुनः जोड़ने का काम पंद्रह मिनट में करने में सफल हो गया। अगले पहिये को देखना तो दस मिनट का काम था। पंचर लगाने का पूरा सामान था अपने पास... हालाँकि रास्ते में कहीं भी ऐसा करने की नौबत नहीं आयी। पिछले पहिये पर सर्वाधिक वजन रहता है, इस वजह से इसकी ट्यूब व टायर दोनों को बदला और नये लगाये। अगले पहिये को पुराना ही रहने दिया। जब पंचर लगाना आ गया तो टायर-ट्यूब बदलना भी आ गया। पुरानी ट्यूब को एहतियात के तौर पर अपने साथ ले लिया, हालाँकि उसकी भी आवश्यकता नहीं पड़ी।

इस यात्रा में दिल्ली से दिल्ली तक कुल 11000 रुपये का खर्च आया। कहने को तो यह साइकिल यात्रा थी, सोचते होंगे कि फ्री में हो जानी चाहिये थी, लेकिन शारीरिक श्रम करने के बाद सामान्य से ज्यादा भोजन भी चाहिये; फिर मैं कोल्ड ड्रिंक व आमलेट भी लिया करता था। लद्दाख में खाना महँगा है। दूसरी बात कि मैं टैंट लेकर गया था, लेकिन इसका प्रयोग केवल वहीं किया, जहाँ कमरे की सुविधा नहीं हो सकती थी। स्लीपिंग बैग में घुसकर और रज़ाई में घुसकर सोने में ज़मीन आसमान का फ़र्क होता है। स्लीपिंग बैग में अच्छी नींद नहीं आती। फिर दिल्ली से मनाली और श्रीनगर से दिल्ली की यात्रा बस से करने में तीन साढ़े तीन हज़ार तक का ख़र्च आ गया।

इसके बाद और इससे पहले जो तैयारी सबसे ज्यादा मायने रखती है, वह है शारीरिक तैयारी। ऊँचे पहाड़ों पर ट्रैकिंग करते रहने से मुझे बड़ा फ़ायदा मिला। कितनी ऊँचाई पर कैसा माहौल होता है, कितनी ऑक्सीजन होती है, कैसा महसूस होता है; मुझे काफ़ी हद तक अंदाज़ा था। शरीर भी फिट था। लेकिन साइकिल का अभ्यास न होने के कारण दिक्कतें भी आयीं। हाथों में बहुत दर्द हुआ, ख़ासकर कोहनी में। अगर एक-दो साल का अनुभव होता, तो शायद ये दिक्कतें न आतीं।

नीलकंठ महादेव की यात्रा

पर्वतीय मार्गों पर साइकिल चलाने का अभ्यास करना ज़रूरी था। इसी सिलसिले में ऋषिकेश से दुगड्ड़ा और कोटद्वार जाने की योजना बनायी। यहाँ जाना कोई मुश्किल भी नहीं था। चूँकि मुझे साइकिल चलाने का बिल्कुल भी अभ्यास नहीं था, तो यही सोचा कि यदि ज्यादा बड़ी योजना बनायी और उसे पूरा न कर पाये तो! इसलिये इस मार्ग का चुनाव किया।

इस यात्रा में करण भी शामिल हो गया। उसे तीन दिन बाद यानी 2 नवम्बर 2012 की सुबह-सुबह पाकिस्तान जाना था। वहाँ साउथ एशिया यूथ का कुछ प्रोग्राम था, उसमें भाग लेना था। वीज़ा आदि की सारी औपचारिकताएँ हो चुकी थीं। लाहौर जाने वाली बस का टिकट भी बुक हो गया था। करण की एक बड़ी महत्वाकांक्षी योजना थी - साइकिल से दक्षिण एशिया की यात्रा करना। शुरूआत इसी पाकिस्तान यात्रा से ही करनी थी उसे। उसने कभी भी पहले लंबी दूरी तक साइकिल नहीं चलायी थी, इसलिये जाने से पहले एक-दो दिन साइकिल चलाकर वह भी थोड़ा-बहुत अनुभव और अभ्यास करना चाहता था। कुल मिलाकर हम दोनों एक-जैसे हो गये और हमारे लक्ष्य भी एक ही थे - लंबी और महत्वाकांक्षी यात्रा से पहले अभ्यास करना।

हरिद्वार चलने की सहमति हो गयी। आनंद विहार बस अड्डे से दोनों साइकिलों को तीन सौ रुपये में बस की छत पर रख दिया गया। उस समय कश्मीरी गेट बस अड्डा निर्माण कार्य के चलते बंद था और हरिद्वार-ऋषिकेश जाने वाली सभी बसें आनंद विहार से ही जाती थीं। हम रात नौ बजे ऋषिकेश पहुँचे।

अगले दिन की हमारी योजना थी कि सौ किलोमीटर दूर दुगड्डा पहुँचेंगे। एक तारीख़ को दुगड्डा से कोटद्वार और कण्व आश्रम देखकर रात होने तक दिल्ली वापस। इसी के अनुसार काम चल रहा था। हिसाब लगाया कि अगर मैदान में 15 की स्पीड से साइकिल चलायी

ऋषिकेश से नीलकंठ का रास्ता साइकिलिंग के आरम्भिक अभ्यास के लिये ठीक है। सावन के कुछ दिनों को छोड़कर पूरे साल यह खाली ही रहता है।

जा सकती है, तो पहाड़ पर दस की स्पीड़ से चल जायेगी। अगर कहीं चढ़ाई है तो आगे चलकर उतराई भी तो मिलेगी... दस का औसत निकल ही जायेगा।

राम झूले से गंगा पार करके साइकिल दुगड्डा रोड़ पर दौड़ा दी। इसी सड़क पर लक्ष्मण झूले से 16 किलोमीटर आगे एक तिराहा है जहाँ से तीसरी सड़क नीलकंठ जाती है। उस तिराहे से नीलकंठ की दूरी पाँच किलोमीटर है।

जैसे-जैसे आगे बढ़ते गये, थकते गये और साइकिल के इक्कीस गियरों में जल्दी-जल्दी गियर भी कम होते गये। आख़िर में हालत यह हो गयी कि बिल्कुल पहले गियर में चलने लगे और उसमें भी जल्दी-जल्दी थकने लगे।

गियर वाली साइकिलें असल में पहाड़ों पर चलाने के लिये ही होती हैं। मेरी साइकिल में अगले पहिये पर सस्पेंशन (शॉकर) भी है और दोनों पहियों पर डिस्क ब्रेक हैं, ताकि ढलान पर उतरते समय

साइकिल पूरे कंट्रोल में रहे। कम गियर में साइकिल की स्पीड कम हो जायेगी और हमें चढ़ाई पर कम ताकत लगानी पड़ेगी।

दोपहर का एक बज गया, जब हम नीलकंठ मोड़ पर पहुँचे। अभी भी दुगड्डा 84 किलोमीटर दूर था। मुझे हालाँकि साइकिल का पहला थोड़ा-बहुत अनुभव भी था - दो बार मेरठ और एक बार गुड़गाँव, जबकि करण को कोई अनुभव नहीं था, इसलिये करण की हालत भी ज्यादा अच्छी नहीं थी और तेज चढ़ाई पर वो पैदल चल पड़ता था।

नीलकंठ मोड़ पर पहुँचकर - हमें चूँकि नीलकंठ नहीं जाना था - मैंने कहा कि भाई, रुक! कुछ विमर्श करना है। आज हम किसी भी हालत में दुगड्डा नहीं पहुँच पायेंगे - रात नौ बजे तक भी नहीं। बोला कि ठीक है, आज तीस किलोमीटर आगे यमकेश्वर तक जायेंगे; समय बचेगा तो आगे बढ़ चलेंगे... जहाँ भी अंधेरा हो जायेगा, वहीं रुक जायेंगे।

मैंने कहा कि इस सड़क पर यमकेश्वर से दुगड्डा के बीच में कहीं भी रुकने की उम्मीद मत करना; ऐसा नहीं होता है। मुझे वो घटना याद आ गयी, जब हम श्रीखंड महादेव से वापस लौट रहे थे। हमारी एक बाइक में पंचर हो गया था और दूसरी पर तीन जने बैठे थे। अंधेरा हो गया था और रास्ते में पड़ने वाले एक भी गाँव में शरण नहीं मिली। रुकने का ठिकाना वहाँ से बीस किलोमीटर दूर था और हम अँधेरे में बिल्कुल भी चलना नहीं चाहते थे। मज़बूरी में हमें चलना पड़ा था और बीस किलोमीटर में एक घंटे से ज्यादा समय लग गया था।

करण भी गजब मिट्टी का बना है। बोला कि चल, जो होगा, देखा जायेगा। मैंने कहा कि ऐसी बातें तब कही जाती हैं, जब हमारे पास मार्जिन हो; अतिरिक्त समय की गुंजाइश हो। तुम्हें परसों पाकिस्तान के लिये निकलना है; कोई मार्जिन नहीं है हमारे पास। ऐसा करते हैं कि नीलकंठ चलते हैं, रात होने तक वापस हरिद्वार चले जायेंगे। कल हरिद्वार से लालढाँग के रास्ते कोटद्वार चलेंगे।

बोला कि हरिद्वार भी तो यहाँ से पचास-साठ किलोमीटर दूर है, यहाँ भी वही दिक्कत आयेगी। मैंने कहा कि नहीं, दोनों में बहुत फ़र्क है; पहला, हमें पता है कि हरिद्वार तक रास्ता कैसा है; पूरे रास्ते भर ढलान ही ढलान है, साइकिल मजे से दौड़ेगी, जबकि दुगड्डा के रास्ते का कोई पता नहीं है कि ढलान है या चढ़ाई है या कितनी चढ़ाई है। दूसरा, हरिद्वार जाते समय जहाँ भी हम चाहेंगे, वहीं रुक सकते हैं, जबकि दुगड्डा की तरफ़ ऐसा नहीं है। तीसरा, अगर रातोंरात हमारा मन बदल गया तो हम आसानी से किसी भी समय दिल्ली की बस में बैठ सकते हैं, जबकि इधर ऐसा सम्भव नहीं है।

आख़िर में, करण का फैसला था कि सब हो जायेगा; दुगड्डा के लिये निकले हैं, दुगड्डा की तरफ़ ही जायेंगे। मैंने उसके इस फैसले का स्वागत किया और नीलकंठ को पाँच किलोमीटर दूर से प्रणाम करके आगे बढ़ चले।

आधा किलोमीटर आगे ही गये थे कि करण ने साइकिल वापस मोड़ ली। इसका कारण था कि अब सड़क पर गड्ढे बहुत ज्यादा बढ गये थे। नीलकंठ तक तो अच्छी सड़क बनी है, जबकि उसके आगे एक नंबर की ख़राब सड़क। एक बाइक वाला आ रहा था उधर से। उसने भी यही बताया कि आगे ऐसी ही सड़क है और तीस किलोमीटर दूर यमकेश्वर तक चढ़ाई भी है।

दुगड्डा जाना रद्द हो गया। अब नीलकंठ की तरफ़ चल दिये। इस आख़िरी पाँच किलोमीटर में चढ़ाई का लेवल बाकी के मुकाबले बहुत ज्यादा है। मैं तो ख़ैर खींच ले गया साइकिल को किसी तरह, लेकिन करण नहीं खींच पाया। समुद्र तल से नीलकंठ मोड़ की ऊँचाई 688 मीटर है, जबकि पाँच किलोमीटर आगे नीलकंठ की ऊँचाई 888 मीटर है; यानी पाँच किलोमीटर में दो सौ मीटर की चढ़ाई काफ़ी ज्यादा होती है।

मंदिर में दर्शन करने के बाद अब बारी थी नीलकंठ से वापस आने की। दोपहर बाद ढाई बजे के आसपास वापस चल दिये। बड़ी

जबरदस्त तलब लगी थी वापस चलने की, क्योंकि अब सारे रास्ते नीचे ही उतरना है। ऋषिकेश से यहाँ आने में जो बुरी हालत हुई, अब हालत उसके बिल्कुल विपरीत होने वाली है। पैडल की जगह ब्रेक पर ध्यान लगाना पड़ेगा।

नीलकंठ से निकलते ही ढलान शुरू हो गयी। पाँच किलोमीटर तक बड़ी ज़बरदस्त ढलान है। दो सौ मीटर नीचे पहुँच जाते हैं हम इस दूरी में। एक बात बड़ी अच्छी है कि सड़क बिल्कुल मस्त है, कहीं कोई गड्ढा तक नहीं है। साइकिल की अधिकतम स्पीड 36.5 किलोमीटर प्रति घंटा रिकार्ड की। यह स्पीड़ और भी ज्यादा हो सकती थी, अगर मुझे अनुभव होता; यहाँ तो बाइक तक चलानी नहीं आती थी उस समय तक।

पाँच किलोमीटर बाद जब तिराहे से ऋषिकेश की तरफ़ मुड़े तो सड़क कुछ ऊबड़-खाबड़ हो गयी। साइकिल के अगले पहिये को ऐसे में जबरदस्त झटके झेलने पड़ते हैं। इनसे बचने के लिये इसमें शॉकर लगे ही थे।

कभी-कभी अचानक ब्रेक लगाने पड़ते तो डिस्क ब्रेक की महिमा पता चल जाती। करण की साइकिल में डिस्क ब्रेक नहीं थे, तो पूरे जोर से ब्रेक लगाने पर भी काफ़ी आगे जाकर रुकती, जबकि मेरी वाली के पहिये डिस्क ब्रेक की वजह से वहीं के वहीं जाम हो जाते और कुछ दूर तक सड़क पर फिसलते भी। ऐसे में पंचर का खतरा होता है।

चाय पीकर फिर से चल पड़े। एक जगह सड़क से नीचे उतरने का रास्ता बना था, और हम पहुँच गये गंगा किनारे। एक बड़े-से पत्थर पर लेट गया तो नींद आ गयी, जबकि करण फोटो खींचता रहा।

आज रात रुकने का इरादा हरिद्वार में था। कल कोटद्वार जाना है। अभी साढ़े चार बजे थे और हमें हरिद्वार के लिये चालीस किलोमीटर और चलना था। घंटे भर बाद अँधेरा होना शुरू हो जायेगा; तब तक पशुलोक बैराज तक पहुँचना ज़रूरी था, क्योंकि वहाँ तक पूरा रास्ता

घने जंगल से होकर गुज़रता है। जंगल में अँधेरा और भी जल्दी हो जाता है।

रामझूला के बाद करीब दस किलोमीटर तक यह सड़क एक बेहतरीन सड़क का नमूना है। जंगल से होती हुई घुमावदार सड़क बिना ट्रैफिक के - आनंद आ गया। ज्यादातर ढलान ही ढलान है।

पशुलोक बैराज को वीरभद्र बैराज भी कहते हैं। करण मुझसे पहले वहाँ पहुँच गया था। जब तक मैं वहाँ पहुँचा, अँधेरा हो गया था। हमारी योजना चीला के रास्ते हरिद्वार जाने की थी, लेकिन करण कहने लगा कि अब अँधेरा हो गया है इसलिये इस जंगल वाले रास्ते से जाना खतरे से खाली नहीं है। मैंने मना कर दिया कि मेन रोड़ से नहीं जायेंगे, बल्कि इसी सड़क से जायेंगे। बाद में करण ने एक पुलिस वाले से भी पूछा। उसने भी यही बताया कि कोई परेशानी की बात नहीं है, आठ बजे तक हरिद्वार पहुँच जाओगे।

यहाँ से आगे रास्ता चीला नहर के साथ-साथ शुरू होता है। पशुलोक बैराज से एक नहर निकलती है, जिसे चीला नहर कहते हैं। यह करीब बीस किलोमीटर का सफ़र तय करके हरिद्वार के पास फिर गंगा में मिल जाती है। यह पूरी तरह पक्की बनी है और गंगा में मिलने से पहले चीला नामक स्थान पर इस पर एक हाइड्रो पावर प्लांट भी लगा है। जहाँ मुख्य सड़क यानी राष्ट्रीय राजमार्ग गंगा के दाहिने किनारे के साथ चलता है, वहीं यह नहर गंगा के बायें किनारे के पास से बहती है। इसी नहर की पटरी पर पक्की सड़क भी बनी है, जिस पर हम चल रहे थे। सारा रास्ता ढलान वाला था, लेकिन उतना ढलान नहीं कि साइकिल बिना पैडल मारे चल जाये।

रास्ते में एक नदी पड़ती है, जिसके नीचे से नहर निकल जाती है। इस पर कोई पुल नहीं बना है और सड़क भी नहीं है। इस मौसम में मुझे इसमें पानी होने की कोई उम्मीद नहीं थी, लेकिन इसमें पानी था। रेत होने की वजह से धारा के बीचोंबीच साइकिल रुक गयी। हम साइकिलों को नहीं खींच पाये और बाकी धारा पैदल भीगते हुए पार

करनी पड़ी।

इससे आगे चले तो एक मंदिर मिला। हालाँकि यह नहर से कुछ हटकर था और वहाँ लाइटें जली थीं। नहर के पास एक पक्का चबूतरा भी बना था। हम मंदिर की लाइटों को देखकर कुछ निर्भयी हो गये और चबूतरे पर बैठकर बिस्कुट नमकीन खाने लगे।

यह राजाजी राष्ट्रीय पार्क था और इसमें तेंदुओं तथा हाथियों की भरमार है। अँधेरा हो चुका था; दूर-दूर तक जंगल में और कोई आदमजात नहीं थी। नहर भी चुपचाप बह रही थी। हम इसी जंगल में एक पेड़ के नीचे बैठे बिस्कुट खाने लगे। अगर मंदिर की लाइटें न होतीं तो हमारी बिल्कुल भी हिम्मत नहीं होती कि दो मिनट के लिये भी साइकिल रोक लें। कितना निडर बना रही थीं हमें वे लाइटें!

यहाँ से फर्राटा भरा तो सीधे बिजलीघर के पुल पर ही जाकर रुके। अब हमें नहर छोड़ देनी पड़ी और जंगल में अन्दर घुस जाना पड़ा। नहर के साथ-साथ चलने का एक फायदा था कि इसके किनारे केवल झाड़ियाँ हैं, पेड़ नहीं हैं। अब पेड़ भी शुरू हो जायेंगे। झाड़ियों से हमें एहसास हो रहा था कि हम मैदान के बीच से चल रहे हैं। अब एहसास होने लगा कि जंगल से गुज़र रहे हैं। तीन किलोमीटर आगे भीमगोड़ा बैराज तक ऐसा ही रास्ता है। आधा किलोमीटर ही चले कि करण ने एक स्कूटर वाले को आवाज़ दी। वो नहीं रुका तो मैंने इसका कारण पूछा। बताया कि मुझे डर लग रहा है, उससे साथ चलने को कहता।

ठीक आठ बजे हम हरिद्वार में थे। अचानक करण ने धमाका किया कि, दिल्ली चलो! मैं इस धमाके से हैरान रह गया। क्यों भाई?

क्योंकि परसों मुझे पाकिस्तान जाना है; कल जाने की तैयारियाँ करूँगा।

बात तो सही है... चल, दिल्ली चलते हैं; हो गया लद्दाख जाने का अभ्यास।

रात तीन बजे हम दोनों दिल्ली में थे।

इस छोटी-सी साइकिल यात्रा से अच्छी तरह समझ आ गया कि लद्दाख जाना उतना आसान नहीं होने वाला। दूर के ढोल सुहावने लगते हैं और मुझे अब तक साइकिल से लद्दाख जाना सुहावना ही लगता था। इस यात्रा ने सारी पोल खोलकर रख दी। आज हमारी ऋषिकेश से नीलकंठ तक पहुँचने में हालत ख़राब हो गयी।

पंद्रह हज़ार की साइकिल लेने के बाद आज मैं फिर से 'डिप्रेशन' में था। नहीं हो पायेगा हमसे लद्दाख-वद्दाख! वाकई यह सफ़ेद हाथी ही है, पालना पड़ेगा।

जयपुर, पुष्कर, सांभर झील, जयपुर यात्रा

नीलकंठ यात्रा को एक महीना भी नहीं हुआ था कि फिर से तलब लगने लगी साइकिल चलाने की। यह तलब भी बड़ी अज़ीब चीज़ है। कुछ ही दिन पहले साइकिल चलाने से तौबा की थी, लेकिन 20 नवंबर 2012 की शाम को मैं सराय काले खाँ बस अड्डे पर खड़ा था। तीन-चार दिनों की छुट्टियाँ ले ली थीं और अभी भी नहीं पता था कि जाना कहाँ है। जयपुर की बस मिली तो उसी में चढ़ गया। आधी रात के थोड़ा ही बाद जयपुर पहुँचा और बस अड्डे के पास एक कमरा लेकर सो गया।

अगले दिन जयपुर से निकला तो दिमाग में बूँदी था। साइकिल चलाने का अनुभव नहीं था, इसलिये मालूम भी नहीं था कि एक दिन में कितना चला लूँगा। फिर भी प्रथम-दृष्ट्या 100 किलोमीटर रोज़ाना का लक्ष्य रखा गया। बूँदी जाने के लिये जयपुर से 100 किलोमीटर की ही दूरी पर टोंक पडता है, इसलिये आज का विश्राम टोंक में करना तय हुआ।

लेकिन विधि को टोंक और बूँदी मंजूर नहीं था, तभी तो कुछ दूर

चलते ही साइकिल अजमेर की तरफ मोड़ दी - पुष्कर का मेला देखेंगे।

अजमेर जयपुर से करीब 130 किलोमीटर दूर है। आज अँधेरा होने तक अजमेर पहुँचना था। ताज़ा-ताज़ा शौक था; थकान नहीं हुई थी, इसलिये ले लिया ऐसा निर्णय।

आठ किलोमीटर दूर बाइपास आने तक सड़क पर कोई ज्यादा भीड़ नहीं मिली, लेकिन उसके बाद भारी वाहन मिलने शुरू हो गये। हालाँकि सड़क काफ़ी चौड़ी है; बिल्कुल बायें किनारे पर साइकिल चलाता रहा। कोई परेशानी नहीं हुई। कुछ समय पहले जब मेरठ गया था दिल्ली से, तो गाज़ियाबाद से निकलते ही जो मौत से आँखमिचौली शुरू हुई, बड़ी रौंगटे खड़े करने वाली थी। पतली-सी सड़क और उस पर भयंकर ट्रैफिक। जब इंच भर की दूरी से बराबर में सत्तर-अस्सी की रफ़्तार से दौड़ती बस आगे निकलती तो लगता कि पुनर्जन्म हो गया। आज यहाँ ऐसा नहीं था।

65 किलोमीटर बाद दूदू तक हक़ीक़त पता चलने लगी। सड़क किनारे होटलों की कोई कमी नहीं है। यहीं कहीं बैठकर लंच कर लिया। होटलों की तारीफ़ करता हूँ मैं यहाँ, क्योंकि मैंने आज तक हरिद्वार रोड और अंबाला रोड के होटल व ढाबे ही देखे थे। यहाँ खाने की क्वालिटी तो जानदार है ही, लगता है कि होटल वालों को जमीन थोक में मिली है।

दूदू में ही घोषित हो गया कि किशनगढ़ से आगे नहीं जाना है। किशनगढ़ अभी भी करीब 40 किलोमीटर और है। मैं औसतन साढ़े बारह किलोमीटर प्रति घंटे की स्पीड से साइकिल चला रहा था। इसी स्पीड में बार-बार रुकना और चाय-लंच करना भी शामिल था।

जयपुर से अजमेर जाते हैं तो देखने में तो सड़क समतल ही लगती है, लेकिन कुल मिलाकर चढ़ाई है। सड़क बिल्कुल समतल दिखायी देती है, लेकिन साइकिल चलाते समय तुरंत पता चल जाता है कि मामूली-सी चढ़ाई भी है। चूँकि आँखें समतल सड़क की सूचना

सर्दियों के दिनों में जहाँ हिमालय में बर्फबारी होती है और समूचा उत्तर भारत कोहरे से ढँका रहता है, वहीं राजस्थान अपनी चिर-परिचित गर्मी त्यागकर घूमने की सर्वोत्तम जगह बन जाता है।

भेज रही थीं, इसलिये दिमाग ने आँखों का पक्ष लिया और निर्देश दे दिया कि ब्रेक गड़बड़ कर रहे हैं। ब्रेक लग रहे हैं, इसलिये साइकिल चलाने में मेहनत ज्यादा लगानी पड़ रही है। एक जगह साइकिल लिटाकर आधा पौना घंटा लगाकर पिछले ब्रेक में 'इंजीनियरी' भी की गई।

किशनगढ़ से दस किलोमीटर पहले पूरी तरह चित्त हो गया, फिर भी किसी तरह अँधेरा होने तक किशनगढ़ पहुँच गया। आज पहले ही दिन मामूली चढ़ाई पर 105 किलोमीटर साइकिल चलायी।

दो सौ रुपये में कमरा ले लिया। साइकिल देखते ही होटल वाले को भी हुड़क लग गयी। बोला कि भाई, मैंने ज़िंदगी में कभी गियर वाली साइकिल नहीं चलायी। मैं उसका इशारा समझ गया और बोला कि जा चला ले। साइकिल की बड़ी तारीफ़ हुई, जब यह किशनगढ़ के बाज़ार में तीव्र चढ़ाई पर आसानी से चढ़ गयी, और उतराई में डिस्क ब्रेक की महिमा का बखान हुआ।

अगले दिन मात्र पुष्कर तक ही जाने का लक्ष्य रखा। यहाँ से पुष्कर 40 किलोमीटर है। मैंने पुष्कर जाने के लिये अजमेर बाइपास का इस्तेमाल किया; इससे अजमेर शहर में नहीं घुस पाया।

कल की थकान के कारण आज मात्र 40 किलोमीटर ही साइकिल चलायी; अगले दिन तो हाथ भी नहीं लगाया। पूरे दिन पुष्कर में पैदल घूमता रहा। अब तक साइकिल फिर से आफ़त लगने लगी थी। पुष्कर के विश्व-प्रसिद्ध मेले की रौनक चरम पर थी। कहीं ऊँट नाच रहे थे, कहीं घोड़े। विदेशियों का भी अच्छा-ख़ासा जमावड़ा था। ऐसे शानदार माहौल में जब भी साइकिल की याद आती, तो मूड ख़राब हो जाता। अच्छी आफ़त गले पड़ी।

लेकिन तीसरे दिन कुछ हिम्मत आयी और मैं फिर से साइकिल चलाने के लिये तैयार हो चुका था।

जब मैं पुष्कर में सोने की तैयारी कर रहा था, तो सोच रखा था कि अगले दिन चित्तौड़गढ़ की तरफ़ निकलूँगा, रात भीलवाड़ा में गुजारूँगा। तभी करण का फ़ोन आया। मेरी योजना पता चलते ही उन्होंने मुझे धिक्कारा। बोले कि साइकिल होते हुए भी तू हाईवे पर यात्रा कर रहा है। तेरे पास अपनी सवारी है। इसका इस्तेमाल उन जगहों के लिये कर, जहाँ तू बिना इसके नहीं जा सकता था; गाँवों और स्थानीय रास्तों पर निकल। बात मुझे जँच गयी।

तो अब सांभर लेक की तरफ मुँह उठ गया। पहले तो उसी रास्ते पर 15 किलोमीटर वापस चला, जिससे परसों आया था। अजमेर इंस्टीट्यूट ऑफ टेक्नोलॉजी के तिराहे से अजमेर की तरफ़ मुड़ने के बज़ाय दूसरी तरफ़ मुड़ गया। यह मुख्य जिला रोड़ नंबर 85 है, जो रूपनगढ़ जाती है। सिंगल रोड। दोनों तरफ़ रेत और यदा-कदा आते वाहन। अब लगने लगा कि राजस्थान में हूँ।

34 किलोमीटर बाद एक गाँव आया; नाम ध्यान नहीं। यहाँ से यह जिला सड़क कुछ घूमकर सलेमाबाद जाती है, जबकि एक ग्रामीण

सड़क सीधी भी सलेमाबाद जाती है। मैंने ग्रामीण सड़क से चलना तय किया।

यह ग्रामीण सड़क बिल्कुल पतली-सी और दोनों तरफ़ बबूल के काँटेदार पेड़। करीब दो किलोमीटर चलने के बाद एक गाँव आया। सड़क के किनारे ही एक प्राइमरी स्कूल था, जिसमें बच्चे पढ़ रहे थे। स्कूल के सामने नल था। पानी पीने मैं रुका, तो एक ग्रामीण ने पूछना शुरू कर दिया। वाहवाही भी बढ़िया मिली।

चूँकि यह पतली-सी और रेत से घिरी सड़क थी, इसलिये कहीं-कहीं सड़क पर भी रेत फैल गई थी। ग्रामीण सड़क होने के कारण मोड़ भी काफ़ी थे। इसी तरह के एक मोड़ पर मैं मुड़ने से चूक गया और सीधा चलता चला गया। थोड़ी दूर जाकर संदेह हुआ कि कुछ गड़बड़ हो गयी है। खालिस रेत और उस पर ऊँटगाड़ी के पहियों के निशान। रेत में साइकिल ने चलने से मना कर दिया। नीचे उतरकर पैदल चलना पड़ा। दिशा का कुछ नहीं पता था कि किस दिशा में जाना है और किस दिशा में जा रहा हूँ।

जब चरम स्थिति हो गयी तो मोबाइल निकालकर अपनी लोकेशन देखी। होश उड़ गये। मुझे उत्तर-पूर्व में जाना था और मैं दक्षिण में जा रहा हूँ। बिल्कुल विपरीत। हालाँकि इसमें घबराने की कोई बात नहीं थी, क्योंकि दक्षिण में कुछ किलोमीटर और चलने के बाद मैं उसी जिला सड़क पर पहुँच जाता, लेकिन खालिस रेत में साइकिल चलाना बड़ा श्रमसाध्य और समयसाध्य कार्य है। दूसरी बात कि अब मुझे कम से कम 10 किलोमीटर अतिरिक्त चलना पड़ेगा। इसका असर यात्रा के आख़िर में पड़ेगा, जब मुझे अँधेरे में चलना होगा। मैं कभी भी दिन छिपने के बाद नहीं चलना चाहता।

खैर, आज देव उठनी एकादशी थी। जब दोबारा जिला सड़क पर पहुँचा तो उसी गाँव में एक बारात भी आयी हुई थी।

मैं पूरी तरह गूगल मैप पर आश्रित होकर चल रहा था। इसमें

अंग्रेजी में रूपनगढ़ के स्थान पर रूपनगर लिखा हुआ था। मैंने एक लड़के से रूपनगर के बारे में पूछा, तो उसने मना कर दिया कि यहाँ कोई रूपनगर नहीं है। आख़िरकार जब पूछा कि यह सड़क कहाँ जा रही है, तो बोला कि रूपनगढ़... तब गूगल की गलती का पता चला।

यहाँ से रूपनगढ़ बीस किलोमीटर था। रास्ता बहुत अच्छा था; केवल रूपनगढ़ से कुछ पहले दो-तीन किलोमीटर के लिये टूटा हुआ था।

रूपनगढ़ में किशनगढ़ से आने वाला स्टेट हाईवे नंबर सात मिल जाता है। शाम के तीन बजे थे।

यहाँ से साँभर लेक करीब चालीस किलोमीटर दूर है। अगर मैं जी-तोड़ मेहनत करके 15 की स्पीड से चलूँगा तो छह बजे तक पहुँचूँगा। लेकिन तीन घंटे तक 15 की स्पीड़ से चलना काफी मुश्किल है, इसलिये साँभर लेक पहुँचने में सात साढ़े सात बजने तय हैं।

रूपनगढ़ से नरैना वाली जिला सड़क पकड़ ली। बीस किलोमीटर बाद ममाना गाँव पहुँचकर जब साँस लेने के लिये रुका तो नक्शा देख बैठा। नक्शे ने बताया कि नरैना जाने की कोई जरूरत नहीं है। एक ग्रामीण सड़क सीधे सांभर लेक जाती है। चार-पाँच किलोमीटर बच जायें तो क्या हर्ज़ है। फिर दोपहर पकड़ी गयी ग्रामीण सड़क याद आ गयी। तब तो उजाला था, लेकिन अब अगर टँग गया तो भारी मुसीबत हो जायेगी।

एक से पूछा तो पता चला कि वह सदाबहार सड़क है। और जब चलना शुरू किया तो वाकई आनंद आ गया। चूँकि जयपुर से अजमेर की तरफ चढ़ाई है, तो अजमेर से इस तरफ ढलान है, इसलिये साइकिल बड़ी हल्की दौड़ी जा रही थी।

जल्दी ही अँधेरा हो गया, लेकिन सड़क पर इतना यकीन था कि कहीं भी गड्ढा नहीं मिला। टॉप गियर में चली इस पर साइकिल।

रास्ते में नलियासर लेक भी मिली। उसे पार करके जब सांभर लेक पहुँचा, तो काफ़ी थकान चढ़ चुकी थी। यहाँ एक धर्मशाला में जगह मिली।

आज करीब 110 किलोमीटर साइकिल चलायी। शारीरिक समस्या तो हुई, लेकिन आनंद भी आया। आज मैं अपनी पसंदीदा जगह में घूमा - वीरान और सुनसान इलाके में।

अगले दिन सुबह उठकर सबसे पहले शाकुम्भरी माता की तरफ चल दिया। यह सांभर लेक कस्बे से 23 किलोमीटर दूर है। पूरा रास्ता झील के किनारे-किनारे होकर जाता है। कहीं-कहीं तो झील में नमक ढोने वाली छोटी-सी ट्रेन से भी रेस लगा लेता और आगे भी निकल जाता।

दोपहर बाद दो बजे तक शाकुम्भरी माता से वापस सांभर लेक लौट आया। अब मन में आया कि चलो, जयपुर चलते हैं। यहाँ से जयपुर करीब 70 किलोमीटर है। 46 किलोमीटर मैं आज अभी तक चल चुका था। 70 और जोड़ने पर 116 किलोमीटर हो जायेगा। रात आठ बजे का लक्ष्य रख लिया। जयपुर में विधान के यहाँ जाना था। देर-सवेर की कोई चिंता नहीं थी।

फुलेरा से निकलते ही सड़क पर बबूल की कई टहनियाँ पड़ी थीं। उन्हीं में से एक पर साइकिल चढ़ा दी। चढ़ाते ही उसके लंबे-लंबे काँटे दिख गये। हालाँकि साइकिल के टायर काफी मोटे थे, तो शायद झेल गये होंगे इन काँटों को, इसलिये देखने की ज़हमत नहीं उठायी। यहीं पर इसमें पंचर हो गया था। इसका पता चला जोबनेर से पाँच किलोमीटर पहले, जब काफ़ी ढलान पर टॉप गियर में भी पर्याप्त स्पीड नहीं मिल पा रही थी। अगला टायर बिल्कुल पिचक गया था। जोबनेर में पंचर लगवाया।

जोबनेर के बाद बिल्कुल सत्यानाशी सड़क मिली। यह हाल कालवन तक रहा। कालवन से आगे सड़क फिर से चकाचक आ गयी।

बाइपास होते हुए बेनाड रोड पर विधान के घर पहुँचने में साढ़े आठ बज गये।

पिछले दो दिनों में 200 किलोमीटर से भी ज्यादा साइकिल चलायी। जी भरकर थका हुआ था। हालाँकि अगले दिन विधान ने मोटरसाइकिल उठा ली और हम भानगढ़ चले गये।

इस यात्रा में कुल 380 किलोमीटर साइकिल चलायी। बुरी हालत अवश्य हुई, लेकिन थोड़ी-सी हिम्मत भी बढ़ी। अब मैं सोचने लगा था कि अभ्यास करते रहने से लंबी दूरियों तक भी साइकिल चलायी जा सकती है। इस बार मैंने पूरी तरह मैदान में साइकिल चलायी थी। पहाड़ का नाम लेते हुए अभी भी डर लग रहा था।

और इसी डर का नतीज़ा था कि अगले कुछ महीनों तक एक बार भी पहाड़ों में साइकिल नहीं ले गया। हालाँकि जानता था कि लद्दाख जाने के लिये केवल नीलकंठ का ही अनुभव काफ़ी नहीं है, लेकिन अगर आपके ऊपर उसी नीलकंठ का आशीर्वाद हो तो होनी को कौन टाल सकता है!

3

आइये चला जाए

* लद्दाख साइकिल यात्रा का आगाज़ / 43
* पहला दिन - दिल्ली से प्रस्थान / 50
* दूसरा दिन - मनाली से गुलाबा / 53
* तीसरा दिन - गुलाबा से मढ़ी / 59
* चौथा दिन - मढ़ी से गोंदला / 65
* पाँचवाँ दिन - गोंदला से गेमूर / 72
* छठा दिन - गेमूर से ज़िंगज़िंगबार / 79
* सातवाँ दिन - ज़िंगज़िंगबार से सरचू / 84

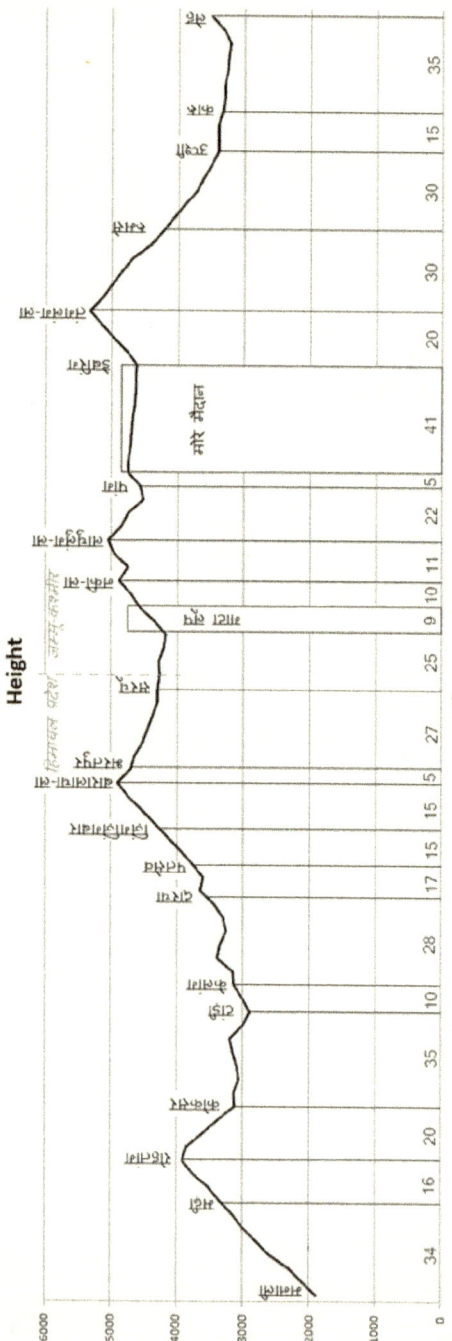

पुस्तक मे लिखे आँकड़ों और यहाँ लिखे आँकड़ों में अंतर हो सकता है। सभी दूरियाँ 'लगभग किलोमीटर' में और सभी ऊँचाईयाँ 'लगभग मीटर' में हैं।

3
आइए चला जाए

लद्दाख साइकिल यात्रा का आगाज़

दृश्य एक -

"हेलो, यू आर फ्रॉम?"

"दिल्ली।"

"व्हेयर आर यू गोइंग?"

"लद्दाख।"

"ओ माई गॉड! बाइ साइकिल?"

"मैं बहुत अच्छी हिंदी बोल सकता हूँ, अगर आप भी हिंदी में बोल सकते हैं तो मुझसे हिंदी में बात कीजिए; अगर आप हिंदी नहीं बोल सकते तो क्षमा कीजिए, मैं आपकी भाषा नहीं समझ सकता।"

ये रोहतांग घूमने जा रहे कुछ आश्चर्यचकित पर्यटकों से बातचीत के अंश हैं।

दृश्य दो -

"भाई, रुकना जरा! हमें बड़े जोर की प्यास लगी है; यहाँ बर्फ़ तो बहुत है, लेकिन पानी नहीं है। अपनी परेशानी तो देखी जाये, लेकिन बच्चों की परेशानी नहीं देखी जाती; तुम्हारे पास अगर पानी हो तो प्लीज़ दे दो... बस, एक-एक घूँट ही पीयेंगे।"

"हाँ, मेरे पास एक बोतल पानी है; आप पूरी बोतल खाली कर दो... एक घूँट का कोई चक्कर नहीं है। आगे मुझे नीचे ही उतरना है, बहुत पानी मिलेगा रास्ते में, दस मिनट बाद ही दोबारा भर लूँगा।"

ये रोहतांग पर बर्फ़ में मस्ती कर रहे एक परिवार से बातचीत के अंश हैं।

दृश्य तीन -

"भाई, यहाँ इस गाँव में कोई कमरा मिल जायेगा क्या, रात रुकने को?"

"हाँ जी, हमारे ही यहाँ है, लेकिन टॉयलेट के लिये बाहर जाना पड़ेगा।"

"कितने का है?"

"आप पहले देख लो; पसंद आ जाये तो पैसे भी बता देंगे।"

"नहीं, देखना नहीं है; कमरा है तो रुकना है, चाहे कितने का भी हो, फिर भी आप पैसे बता दो।"

"पचास रुपये; लेकिन आप दूर से आये हैं, हम आपको उतनी अच्छी सुविधा तो नहीं दे पायेंगे... यहाँ से कुछ आगे जिस्पा है, जहाँ आपको हर तरह की सुविधा से युक्त कमरे आसानी से मिल जायेंगे।"

"नहीं, आगे नहीं जाऊँगा, मेरी तरफ़ से फ़ाइनल है, चाहे जैसा

भी कमरा हो।''

ये गेमूर गाँव में रात साढ़े आठ बजे हुई बातचीत के अंश हैं।

दृश्य चार -

''हेलो सर, पासपोर्ट प्लीज़।''

''भाई, देस्सी हूँ, म्हारा पासपोरट ना हुआ करता।''

ये दारचा में चेकपोस्ट पर हुई बातचीत के अंश हैं।

दृश्य पाँच -

''भाई, यहाँ खाने-वाने का इंतज़ाम कहाँ है?''

''यहाँ नहीं है, बल्कि यहाँ से छह किलोमीटर और आगे है।''

''हे भगवान! ज़िंगज़िंगबार तो यही है, फिर यह धोखा क्यों! मेरी पिछले छह किलोमीटर से हालत ख़राब हुई पड़ी है। किसी तरह पैदल चलकर साइकिल को धकेलकर ला रहा हूँ कि ज़िंगज़िंगबार में पहले आराम करूँगा, फिर चाय पीऊँगा, फिर ये खाऊँगा, फिर वो खाऊँगा; अब फिर छह किलोमीटर!''

''कोई बात नहीं, हमारा ट्रक वहीं जा रहा है, साइकिल इसी पर रख दो।''

''ठीक है; रखो भाई, तुम्हीं रखो... मुझमें इतनी भी ताकत नहीं बची कि साइकिल ऊपर रख सकूँ।''

''कोई बात नहीं, चलो हम ही रख देते हैं।''

ये ज़िंगज़िंगबार में बी.आर.ओ. के मज़दूरों से हुई बातचीत के अंश हैं।

दृश्य छह -

"यार, आज दूसरा दर्रा पार किया है, और इस बारालाचा ने तो जान निकाल दी। सोच रहा हूँ दिल्ली वाली बस पकड़ लूँ।"

"नहीं, ऐसा कभी मत करना। ऐसी यात्राएँ हमेशा नहीं की जा सकतीं और हर कोई नहीं कर सकता। जब आप सफ़लतापूर्वक यात्रा पूरी कर लोगे तो आपके पास छाती चौड़ी करके यार-दोस्तों को सुनाने के लिये ऐसे-ऐसे अनुभव हो जायेंगे, जिन पर वे आसानी से यक़ीन नहीं कर सकेंगे।"

ये भरतपुर में एक दुकानदार से हुई बातचीत के अंश हैं।

दृश्य सात -

"भाई जी, आप हमारे घर जाना; हमारा घर चोगलमसर में है। आप दिल्ली में अफ़सर हो, बच्चे आपसे मिलकर बड़े खुश होंगे। मेरा नाम सेन्दुप सेरिंग है और घर का फोन नंबर यह है; आप उनसे बस इतना बता देना कि सेरिंग से मिला था।"

यह व्हिस्की नाले पर एक लद्दाखी दुकानदार से बातचीत के अंश हैं।

दृश्य आठ -

"अरे भाई, आज रात यहीं रुक जाऊँ क्या?"

"हाँ हाँ, रुक जाओ; मेरे स्लीपिंग बैग में सो जाना; बड़ा बैग है, दोनों आ जायेंगे।"

"धन्यवाद भाई! लेकिन मेरे पास स्लीपिंग बैग है, बस, जरा-सी जगह चाहिये।"

"तुम बड़े गधे हो; ऐसे बर्फ़ीले तूफ़ान में तुम्हें आज निकलना ही नहीं चाहिये था।"

"हाँ, ठीक कह रहे हो; लेकिन आज ही तंगलंग-ला पार करने की धुन थी, इसलिये निकल पड़ा और अब पछता रहा हूँ।"

ये तंगलंग-ला के पास तंबुओं में घुसे पड़े बी.आर.ओ. के झारखंडी मज़दूरों से बातचीत के अंश हैं।

दृश्य नौ -

"भैया, खाना यहीं आपके कमरे में लाऊँ या अंदर चलकर खाओगे?"

"यहीं ले आओ।"

"नहीं भैया, मुझे काफ़ी सामान लाना पड़ेगा, आप अंदर ही चलो, कोई समस्या नहीं है।"

ये ससपोल में एक गेस्ट हाउस में उनकी लड़की से बातचीत के अंश हैं।

दृश्य दस -

"रुको भाई रुको, कहाँ से आये हो?"

"मनाली से आया हूँ और अब श्रीनगर जा रहा हूँ।"

"अरे बाप रे! हमारा प्रणाम स्वीकार करो; हमारी मोटरसाइकिलों पर ही हालत ख़राब हुई जा रही है और तुम साइकिल से इन पहाड़ों को पार कर रहे हो।"

"अभी तो आपकी हालत बहुत अच्छी है; लेह से आगे निकलोगे, तब होगा असली हालात से सामना।"

ये फोतू-ला पार करके मिले कुछ मोटरसाइकिल वालों से बातचीत के अंश हैं।

दृश्य ग्यारह -

“रुको भैया। आप कहाँ जा रहे हो?”

“श्रीनगर।”

“अब रात होने वाली है, कहाँ रुकोगे? चलो, हमारे घर चलो।”

“तुम्हारे घर? कितनी दूर है?”

“बस, वो थोड़ा-सा ऊपर।”

“कितने पैसे लोगे?”

“कैसी बात करते हो, पैसे नहीं लेंगे।”

“घर में कौन-कौन हैं?”

“माँ-बाप और छोटे भाई-बहन।”

“माँ-बाप तुम्हें डाँटेंगे तो नहीं?”

“नहीं, बिल्कुल नहीं।”

“यार, बहुत ऊपर है तुम्हारा घर; रास्ता भी पगडंड़ी वाला है।”

“कोई बात नहीं; साइकिल से बैग खोलो, मैं कंधे पर लटका लूँगा और साइकिल को धक्का मारेंगे, ऊपर चली जायेगी।”

“चलो, ठीक है।”

ये शम्शा में शाम सात बजे एक बच्चे अहमद से हुई बातचीत के अंश हैं।

दृश्य बारह -

“कहाँ जाओगे?”

“श्रीनगर।”

“यार, अभी बहुत चढ़ाई है; जोजी-ला बहुत दूर है, थक जाओगे।”

“हाँ, लेकिन यह आख़िरी दर्रा है; मैंने मनाली से अभी तक सात दर्रे पार कर लिये हैं, इसे भी पार कर लूँगा।”

“हूँ, ठीक है; तुम आगे चलो, पीछे-पीछे मैं ट्रक लेकर आ रहा हूँ। तुम्हें बैठाकर आज ही सोनमर्ग छोड़ दूँगा।”

ये रास्ते में एक ढाबे पर एक ट्रक वाले से हुई बातचीत के अंश हैं।

दृश्य तेरह -

“सर, रुको रुको! आज हमारे गाँव में ही रुकना; आपके पास टैंट तो है ही, हम इसे अपने खेत में लगवाने में पूरी सहायता करेंगे।”

यह मटायन में कुछ बच्चों से हुई बातचीत का अंश है।

* * *

ये थे इस साइकिल यात्रा के कुछ छोटे-छोटे, लेकिन यादगार दृश्य... ऐसे न जाने कितने वाकयों से पाला पड़ा। कुदरत ने तो अच्छा साथ दिया ही, मनुष्यों ने भी साथ देने में कोई कसर नहीं छोड़ी; मनुष्य चाहे स्थानीय हों या बाहर से आने वाले घुमक्कड़ व पर्यटक।

साइकिल यात्रा वैसे तो कभी भी आसान नहीं होती, लेकिन दुनिया की सबसे ऊँची और ख़तरनाक सड़कों में से एक, मनाली-लेह सड़क पर तो यह और भी चुनौती भरा काम है। चढ़ते रहो, चढ़ते रहो, बस चढ़ते ही रहो। साँस फूले, दम घुटे, हवा लगे, ठंड लगे; कुछ भी हो, एक ही काम होता है, चढ़ना। वैसे तो एक दर्रा पार करने के बाद नीचे भी उतरना होता है, लेकिन जितना तीन दिनों में जी-जान लगाकर चढ़ते हैं, उससे भी ज्यादा एक ही दिन में बिना जान लगाये उतर भी जाते हैं। तीन दिनों तक पसीना बहाने के बाद जब एक दिन की उतराई दिखती है तो कोई खुशी नहीं होती, क्योंकि उसके बाद फिर तीन दिनों का पसीना तैयार खड़ा है... पाँच दर्रे हैं इस सड़क पर।

सबसे शानदार बात रही कि साइकिल ने पूरा साथ दिया, एक बार भी पंचर नहीं हुआ। बेचारी को अच्छी सड़क से लेकर महा-बेकार सड़क पर भी चलना पड़ा, नाले पार करने पड़े, कीचड़ में भी गयी, बर्फ़ का भी सामना किया, लेकिन कभी भी कोई समस्या प्रदर्शित नहीं की। अपनी यात्रा के इस एकमात्र साथी को शत-शत नमन।

टैंट व स्लीपिंग बैग को भी नमन। वैसे तो दिनभर साइकिल चलाने के बाद इतना थक जाता था कि शाम को टैंट लगाने का विचार तक नहीं आता था। जहाँ भी रुकने का इंतजाम मिला, पैसे देकर रुका। यथासम्भव टैंट लगाने से बचता रहा, लेकिन पाँच बार ऐसी परिस्थितियाँ बनीं कि टैंट लगाना पड़ा। टैंट की कीमत तो वसूल हो ही गयी, लेकिन पता भी चल गया कि इस यात्रा के लिये टैंट व स्लीपिंग बैग कितने कीमती हैं।

पहला दिन - दिल्ली से प्रस्थान

4 जून 2013

आरंभ में श्रीनगर से लेह जाने की योजना बनायी थी और मनाली

के रास्ते वापसी की। सारी तैयारियाँ श्रीनगर के हिसाब से हो रही थीं। सबकुछ तय था कि कब-कब, कहाँ-कहाँ पहुँचना है। उच्च हिमालयी क्षेत्रों व हिमालय-पार में साइकिल चलाने का कोई अनुभव नहीं था, तो इस गणना की कोई महत्ता नहीं रह गयी थी। जैसे कि साइकिल यात्रा के पहले ही दिन श्रीनगर से सोनमर्ग जाने की योजना थी। यह दूरी 85 किलोमीटर है और लगातार चढ़ाई है। नहीं कह सकता था कि ऐसा कर सकूँगा, फिर भी योजना बनी।

और अगर जाना पड़ जाता, तो एक दिन में मैं इस दूरी को कदापि नहीं तय कर सकता था। श्रीनगर समुद्र तल से 1600 मीटर ऊपर है, जबकि सोनमर्ग 2600 मीटर। पहली बात तो 85 किलोमीटर ही चलना मुश्किल होता, ऊपर से यह 1000 मीटर की चढ़ाई तो मेरे लिये असंभव ही होती।

दिल्ली से सीधे श्रीनगर के लिये दोपहर एक बजे बस चलती है। यह अगले दिन दोपहर बाद दो बजे श्रीनगर पहुँच जाती है। सुना है कि इस बस में बैठने की सीटों के साथ-साथ शायिका की सुविधा भी होती है। दोनों सुविधाओं में किराये का अंतर मामूली ही था, इसलिये सोचा कि शायिका ही ले लूँगा, ताकि लेटकर आराम से सोता हुआ जाऊँ। लेकिन इस बस की छत पर रेलिंग नहीं लगी होती, इसलिये साइकिल खोलकर एक बोरे में बाँधकर ले जाऊँगा। जो प्रोफेशनल साइकिलिस्ट होते हैं या बड़े और अनुभवी साइकिलिस्ट होते हैं, उनके पास साइकिल की विशेष पैकिंग किट भी होती है, जिसमें साइकिल आराम से बिना किसी नुकसान के पैक हो जाती है। इधर मुझे न इसका तज़ुर्बा था और न ही बज़ट - इसलिये गाँव से इसी कार्य के लिये बोरी व रस्सी ले आया था।

उधर श्रीनगर जाने का दूसरा विकल्प था, जम्मू तक ट्रेन से, उसके बाद बस या जीप। दिल्ली से जम्मू के लिये सुबह मालवा एक्सप्रेस निकलती है। इसका समय नई दिल्ली से साढ़े पाँच बजे है। कभी-कभी लेट भी हो जाती है। बस यात्रा की बजाय ट्रेन यात्रा ज्यादा

सुविधाजनक है, इसलिये मेरा मन ट्रेन से भी जाने का था।

इस यात्रा की तैयारियाँ काफ़ी दिन पहले से शुरू हो गयी थीं, लेकिन आलसी जीव कैसी तैयारियाँ करते हैं, पता तो होगा ही। नतीज़ा यह हुआ कि तीन तारीख़ की शाम तक भी पूरी तैयारियाँ नहीं हो पायीं। रात ड्यूटी चला गया। जब मालवा एक्सप्रेस दिल्ली से निकली, तब भी बैग खाली ही था। घर आया, सो गया। आँख खुली ग्यारह बजे। जब बैग आधा ही भरा था, तो श्रीनगर वाली बस भी चली गयी।

अब पहली बार इरादा बना, मनाली से यात्रा शुरू करने का। हिमाचल परिवहन की बसों की समय सारणी ऑनलाइन उपलब्ध रहती है। शाम चार चालीस वाली बस पसंद आ गयी।

अब पैकिंग का काम युद्धस्तर पर शुरू हुआ। सबसे पहले कपड़े - बाइस दिनों के लिये तीन जोड़ी - दो जोड़ी बैग में व एक जोड़ी पहन लिये। शून्य से कम तापमान का भी सामना करना पड़ेगा, पर्याप्त गरम कपड़े भी ले लिये। कपड़ों से ही बैग भर गया। इनके अलावा मंकी कैप, तौलिया, दस्ताने, जुराबें भी ले लिये। ऐसी यात्राओं पर मैं काजू, किशमिश, बादाम हमेशा रखता ही हूँ, वे भी ले लिये। मोबाइल, कैमरे, चार्जर सहित व एक-एक अतिरिक्त बैटरी और मेमोरी कार्ड भी। दवाइयाँ कभी नहीं रखता, इस बार भी नहीं रखीं, हालाँकि रख लेनी चाहिये।

सवा चार बजे शास्त्री पार्क से चल पड़ा। लोहे के पुल से होता हुआ दस मिनट में कश्मीरी गेट। मनाली वाली बस तैयार खड़ी थी। साढ़े पाँच सौ का मेरा टिकट व पौने तीन सौ का साइकिल का टिकट बना। साइकिल छत पर बाँध दी।

कुछ लड़के और मिले। इनमें से ज्यादातर यूथ हॉस्टल के सार-पास ट्रेक में हिस्सा लेने कसोल जा रहे थे। एक लड़का यूथ हॉस्टल की ही तरफ़ से तीर्थन घाटी में जलोड़ी जोत तक साइकिलिंग करने वाला था। गौरतलब है कि यूथ हॉस्टल के कार्यक्रमों में ज्यादातर पहली

बार वाले यानी कम अनुभवी लोग होते हैं। साइकिल छत पर रखते ही उन्होंने पूछताछ शुरू कर दी। सार-पास, कसोल, ट्रैकिंग, साइकिलिंग के बारे में ख़ूब बातचीत हुई।

बस में बोरियत नहीं हुई। इसका एक कारण था, बगल वाली खाली सीट। दूसरा कारण था, सामने वाली सीट की पर्याप्त दूरी। ख़ूब पैर फैलाकर व चौड़ा होकर बैठा रहा। हालाँकि चंडीगढ़ जाकर पूरी बस भर गयी। रात ग्यारह बजे चंडीगढ़ से चल पड़े। साइकिल ऊपर छत पर आराम से पड़ी थी, लेकिन सड़क के झटकों से पूरी छत पर इधर से उधर यात्रा कर रही थी; मानों वह भी लद्दाख जाने का अभ्यास कर रही हो।

दूसरा दिन - मनाली से गुलाबा

5 जून 2013

सुबह पाँच बजे बस मंडी पहुँची। ज्यादा देर न रुककर फिर चल पड़ी। औट के पास जलोड़ी जोत जाने वाला भोपाली साइकिलिस्ट उतर गया। भुंतर में सारपास वाले उतर गये। सारपास ट्रेक कसोल से शुरू होता है।

सुना था कि जो जाये कुल्लू, बन जाये उल्लू। और आज यह कहावत सही प्रतीत होती दिखायी पड़ी। कंडक्टर ने सभी सवारियाँ बस से उतार दीं, बोला यह बस आगे नहीं जायेगी। दूसरी बस में बैठा दिया। मुझे कोई परेशानी नहीं थी, लेकिन एक बस से साइकिल उतारकर दूसरी बस पर चढ़ाना श्रमसाध्य कार्य था।

आठ बजे मनाली पहुँचे। कुल्लू से मनाली तक अच्छा रास्ता है... प्राकृतिक नज़ारों से भरपूर। मनाली में अच्छी धूप थी, अच्छा मौसम था और सैलानियों की भीड़ थी; साथ ही होटल वालों की भी। बस से उतरा नहीं कि होटल वालों ने घेर लिया।

यहीं बस अड्डे पर साइकिल का पहले निरीक्षण किया, फिर सारा सामान बाँध दिया। बाँधने के लिये पर्याप्त सुतली लाया था। पीछे कैरियर पर ही बाँधा - बैग भी, टैंट भी और स्लीपिंग बैग भी। यह बड़ा पेचीदा काम था और किसी आपातकाल में आसानी से खोला भी नहीं जा सकता था। इसका बाद में नुकसान भी उठाना पड़ा। पहली बार इतना सामान बाँधा था। या यूँ कहें कि जो भी कर रहा था, पहली बार ही कर रहा था। आज सोचता हूँ कि सुतली भी भला कोई इतना सामान बाँधने की चीज़ है। उस भीड़भाड़ भरे बस-अड्डे पर बड़ी देर तक गणित लगाता रहा कि भारी-भरकम बैग को ऐसे बाँधूँगा तो साइकिल पर ऐसे लोड़ पड़ेगा, स्लीपिंग बैग और टैंट को ऐसे बाँधूँगा तो साइकिल पर इधर लोड़ पड़ेगा। लेकिन न तज़ुर्बा था और ही समझ।

कपड़े वही पहने रखे, जो दिल्ली से पहनकर आया था, हाफ़ पैंट व टी-शर्ट। मनाली लगभग 2000 मीटर की ऊँचाई पर स्थित है। अच्छी धूप निकली होने के कारण ठंड का नामोनिशान तक नहीं था। और हाँ, दिल्ली से चलते समय मैं जूते पहनना भूल गया। चप्पलों में ही चला आया। अब मनाली में जूते खरीदने का मन नहीं किया।

परसों साइकिल के दोनों धुरों में तेल डाला था। यह तेल बाहर बह गया और डिस्क पर फैल गया। दोनों पहियों में यही हुआ। नतीज़तन ब्रेक लगने बंद। किसी तरह डिस्क की सफ़ाई की, तो ब्रेक थोड़े-थोड़े लगने लगे। अभी भी यही हाल था। ब्रेक अच्छी तरह नहीं लग रहे थे, कामचलाऊ थे। हालाँकि आज चढ़ाई भरा रास्ता है, ब्रेक की यदा-कदा ही आवश्यकता पड़ेगी, लेकिन कल इसकी सफ़ाई सूक्ष्मता से करनी पड़ेगी, क्योंकि कल मैं रोहतांग पार कर लूँगा, और उधर चंद्रा नदी की घाटी में उतरने के लिये ब्रेक ही काम आयेंगे।

ब्यास पार की और साइकिल यात्रा की विधिवत शुरूआत कर दी। करीब चार किलोमीटर बाद जब भूख बहुत लगने लगी तो चाय आमलेट खा लिये।

9 किलोमीटर दूर पलचान है - बारह बजे पहुँचा, यानी तीन

मनाली से रोहतांग तक लगातार चढ़ाई है और पतली सड़क, पहाड़ व खाई साइकिलिंग के लिये इसे और भी मुश्किल बना देते हैं।

किलोमीटर प्रति घंटे की स्पीड से। आज इरादा था मढ़ी जाकर रुकने का। मढ़ी यहाँ से 25 किलोमीटर दूर है। यानी अगर इसी स्पीड से चलता रहा तो आठ घंटे लगेंगे; अर्थात रात आठ बजे के बाद ही पहुँचूंगा। अँधेरे में मैं चलना पसंद नहीं करता, इसलिए मढ़ी पहुँचना मुश्किल लगने लगा।

मित्र तरुण गोयल से बात हुई। वे हिमाचल के विशेषज्ञ हैं। उन्होंने बताया कि मढ़ी में कुछ भी खाने को नहीं मिलेगा; पहले मिल जाता था, लेकिन उच्च न्यायालय के आदेश के बाद अब नहीं मिलता। यह मेरे लिये बुरी ख़बर थी।

पलचान में चाऊमीन खायी। यहाँ गोयल साहब के कथन की पुष्टि हो गयी, लेकिन एक राहत की बात पता चली कि मढ़ी में शाम पाँच बजे तक ही खाना मिलेगा, उसके बाद नहीं। मैं पाँच बजे से पहले किसी भी हालत में मढ़ी नहीं पहुँच सकता था, इसलिये यह राहत वाली बात मेरे किसी काम की नहीं थी।

पलचान से सोलांग जाने वाली सड़क अलग हो जाती है। रोहतांग के साथ-साथ सोलांग भी अत्यधिक भीड़ वाली जगह है, इसी वजह से इस तिराहे पर जाम लग जाता है।

पलचान से चार किलोमीटर आगे कोठी है। दो बजे पहुँचा। अब इतना तो पक्का हो ही गया है कि कोठी से आगे कुछ भी खाने को मिलने वाला नहीं। आलू के दो पराँठे पैक करा लिये। पौने तीन बजे यहाँ से चल पड़ा। आठ बजे तक मढ़ी पहुँचने का पक्का इरादा कर लिया।

रोहतांग से गाड़ियों का रेला वापस लौटने लगा। सिंगल सड़क, चढ़ाई, साइकिल की न्यूनतम गति व इस रेले ने परेशान किये रखा। चूँकि सभी गाड़ियाँ नीचे उतर रही थीं, इसलिए गोली की रफ़्तार से चल रही थीं।

कैरियर पर जो सारा सामान बाँध दिया था, वो एक तरफ़ झुक गया। एक बार गाड़ियों की वजह से सड़क से नीचे उतरना पड़ गया। नीचे रास्ता बड़ा ऊबड़-खाबड़ था, साइकिल का अगला पहिया ऊपर उठ गया। एक तो पहले से ही रास्ता चढ़ाई वाला था। पिछले पहिये के मुकाबले अगला पहिया कुछ ऊपर था। फिर पिछले पहिये के ऊपर ही सारा सामान; बीस किलो से कम नहीं होगा। अगला पहिया भार-रहित था; ऊपर उठने के लिये पूरी तरह स्वतंत्र। यहाँ सोचा कि आगे रास्ता इससे भी ख़राब मिलने वाला है, तब कैसे होगा? अवश्य कुछ न कुछ करना पड़ेगा। अगले पहिये के ऊपर भी भार डालना पड़ेगा। लेकिन अगले पहिये पर तो मड़गार्ड़ तक नहीं है, सामान बाँधना टेढ़ी खीर होगा।

ऐसी यात्राओं पर अभ्यास बड़ा काम आता है। मैं अभ्यास नहीं कर पाया था, नतीज़ा अब भुगत रहा था।

उच्च हिमालय की एक बड़ी बुरी आदत है - दोपहर बाद बादल और शाम तक बारिश। बहुत बुरी आदत है यह; चूकता भी नहीं है

कभी। साढ़े चार बजते-बजते बूँदाबाँदी होने लगी। ऊपर मुँह उठाकर चारों तरफ़ देखा - काले-काले बादल... यानी भयंकर बारिश होने वाली है।

पाँच बजे तक गुलाबा पहुँच गया। अभी भी मढ़ी 13 किलोमीटर दूर था। ख़राब मौसम को देखते हुए यहीं रुकने का फैसला कर लिया। यहाँ सीमा सड़क संगठन यानी बी.आर.ओ. का पड़ाव है। बी.आर.ओ. वालों से रुकने की बात की, उन्होंने मना कर दिया। टैंट लगाने का इरादा बना तो मूसलाधार बारिश होने लगी। मज़बूरन बी.आर.ओ. वालों के यहीं बारिश बंद होने तक रुके रहना पड़ा। गुलाबा में भी पहले रुकने व खाने-पीने का इंतज़ाम होता था, लेकिन एन.जी.टी. के आदेश के बाद सब हट गये।

इसी दौरान तीन जने भीगते हुए आये। भले मानुसों ने - बी.आर.ओ. वालों ने - हमारे लिये चाय बना दी। ये लोग मोटरसाइकिलों पर थे और रोहतांग से लौट रहे थे। बारिश होने लगी तो यहाँ सिर बचाने को रुक गये। कम होने पर चले गये, साथ ही मेरी टोपी भी ले गये। मैंने अभी तक हेलमेट नहीं लगाया था, टोपी से ही काम चला रहा था। बूँदाबाँदी में सिर बचाने को उन्होंने टोपी लेने की इच्छा ज़ाहिर की, मैंने सहर्ष दे दी। वे हालाँकि मोटरसाइकिलों पर थे, लेकिन एक के पास हेलमेट नहीं था; या फिर शर्म आ रही होगी उसे हेलमेट लगाते हुए।

मैंने बी.आर.ओ. वालों से रुकने के लिये फिर प्रार्थना की - खाने-पीने को नहीं माँगूँगा व ओढ़ने-बिछाने को भी नहीं। उन्होंने अपनी मजबूरी बताते हुए कहा कि हम साहब की आज्ञा के बिना आपको नहीं ठहरा सकते। साहब नीचे गये हैं, पता नहीं कब तक लौटेंगे। तो मुझे मज़दूरों के यहाँ ठहरा दो। वे मज़दूरों की झोपड़ियों में गये, लेकिन उन्होंने भी मना कर दिया। ज्यादातर मज़दूर झारखंडी थे; मेरे हिमालय के होते तो मना नहीं करते।

अब टैंट लगाने के सिवा कोई चारा नहीं था। बारिश बंद होने पर

कुछ ऊपर जाकर टैंट लगा भी लिया। टैंट लगा ही रहा था कि जंगल में से एक मज़दूर मेरे पास आया। उसने रोंगटे खड़े कर देने वाली सूचना दी - "उधर जंगल में मत जाना, वहाँ जंगली कुत्ते हैं; कल वे एक बच्चे को खा रहे थे।" "किसके बच्चे को?" "पता नहीं; पहले तो हम सोचते थे कि बच्चे को भालू उठाकर ले गया होगा, लेकिन यह तो जंगली कुत्तों का काम निकला।"

बच्चे के प्रति सहानुभूति तो जगी ही, लेकिन उससे भी ज्यादा जंगली कुत्तों व भालुओं का डर लगने लगा।

अँधेरा हो गया। नीचे आदमियों के बोलने की आवाजें भी मद्धम होने लगीं, उधर मेरा डर भी बढता रहा। तभी टैंट के बाहर बराबर में कुछ सरसराने की आवाज़ हुई। पक्के तौर पर यह कोई जानवर ही था। कुछ देर बाद उसने टैंट को सूँघा व शरीर भी रगड़ा। उसकी साँसें भी मुझे सुनायी दे रही थीं। मैं इतना डर गया कि काटो तो खून नहीं। यह भालू है और थोड़ी देर में टैंट को फाड़ देगा। बाहर झाँककर देखने की तो हिम्मत ही ख़त्म।

कुछ देर बाद पत्थर पर किसी चीज के टकराने की आवाज आयी, आधा डर तुरंत दूर हो गया। यह अपनी जानी पहचानी आवाज थी - खुर की आवाज। भालू के पंजे होते हैं, इसलिये वे ऐसी आवाज नहीं कर सकते। हिम्मत करके टैंट की चेन खोली। सिर बाहर निकाला। कुछ दूर कोई खड़ा था। टॉर्च की रोशनी मारी तो सारा डर खत्म। पाँच गायें थीं। इसके बाद तो उन्होंने टैंट के खूब चक्कर काटे। घास चरी, बाहर पड़ी साइकिल पर भी चढ़ीं। कोई डर नहीं लगा, इत्मीनान से सोया।

आज 21 किलोमीटर साइकिल चलायी। आज ही साइकिल चलाकर मैंने एक गलती भी की। आज ही दिल्ली से आया था, और आज ही साइकिल भी उठा ली। एक दिन मनाली में रुकना चाहिये था। शरीर आबोहवा के अनुकूल हो जाता। आबोहवा के अनुकूल होने की, एक्लीमेटाइज होने की सलाह मैं स्वयं दूसरों को दिया करता हूँ,

लेकिन स्वयं ही ऐसा नहीं किया; मुझे इसका नुकसान अवश्य उठाना पड़ेगा।

तीसरा दिन - गुलाबा से मढ़ी

6 जून 2013, स्थान-गुलाबा

पाँच बजे अलार्म बजा, लेकिन उठा सात बजे। बाहर निकला तो एक गाय अभी भी टैंट से सटकर बैठी थी। टैंट पर पतला गोबर भी कर रखा था। पानी से धो दिया। सामान समेटने, बाँधने व साइकिल पर चढ़ाने में साढ़े आठ बज गये। जब आगे के लिये चला तो आठ बजकर पचास मिनट हो गये थे।

आज सामान बाँधने में एक परिवर्तन किया। टैंट को हैंड़ल पर बांध दिया; हैंड़ल के नीचे। इसके दो फ़ायदे हुए। एक तो पीछे वजन कम हो गया और अगले पहिये पर भी कुछ वजन आ गया। अब गड्ढों व ऊबड़-खाबड़ रास्तों पर चलने में अगला पहिया उठेगा नहीं। पीछे कैरियर के ऊपर बैग बाँधा व बराबर में डिस्क ब्रेक के कुछ ऊपर कैरियर से ही स्लीपिंग बैग लटका दिया। हवा भरने का पंप स्लीपिंग बैग से ही बँधा था। कल कुछ दूर चलते ही सारा सामान असंतुलित हो गया था व एक तरफ झुक गया था। अब सबकुछ संतुलित लग रहा है। बाकी कुछ दूर चलने पर पता चल जायेगा।

मेरा कल का लक्ष्य था, मढ़ी पहुँचने का; लेकिन 13 किलोमीटर पीछे रुकना पड़ा। साथ ही अपनी हैसियत भी पता चल गयी कि ऐसी चढ़ाई पर कैसी स्पीड से चल सकता हूँ। रोहतांग तक तो चढ़ाई है ही। दूरी 30 किलोमीटर, समय लगेगा दस घंटे। चूँकि कल के मुकाबले आज मैं बेहतर हूँ, इसलिये आठ घंटे में भी पहुँचा जा सकता है। नौ बजे चलना शुरू किया। रोहतांग पहुँचने में पाँच बज जायेंगे। उसके बाद नीचे ही उतरना है, यातायात भी नहीं रहेगा। कोकसर की 22

किलोमीटर की दूरी डेढ़ घंटे में तय की जा सकती है।

ऐसा यहाँ गुलाबा में बैठे-बैठे सोच लिया, जबकि हक़ीक़त इससे उलट थी।

कल शाम जहाँ यातायात नीचे उतर रहा था, वही आज ऊपर जा रहा है। अंतहीन सिलसिला।

चार किलोमीटर आगे चलकर चाय की दुकान मिली। चूँकि स्थायी दुकान नहीं लगायी जा सकती, इसलिये कार या जीप में सारा सामान लाया जाता है। इसी तरह दिन ढलने पर सामान समेटकर नीचे चले जाते हैं।

चढ़ाई तो साइकिल पर मुश्किल ही होती है, लेकिन हर पैडल के साथ दूरी भी कम होती जाती है।

गुलाबा से 9 किलोमीटर आगे एक मोड़ पर आराम करने रुक गया। ऊपर गाड़ियों की कतार खड़ी दिख रही थी। जाम लगा था। एक के पीछे एक। मढ़ी अभी भी चार किलोमीटर और था। यह जाम मढ़ी तक तो लगा ही होगा। बराबर में सड़क किनारे एक शानदार झरना था। पहली बार रोहतांग जा रहा था। चारों तरफ़ बिखरी ख़ूबसूरती देखकर मैं पागल हुआ जा रहा था।

एक साइकिल वाले को गुजरते देखकर आवाजें आतीं - "अरे देखो साइकिल!" साँस लेने रुकता तो लोग घेर लेते - "कहाँ से आये हो? कहाँ जाओगे?"

"लद्दाख।"

"हे भगवान! कितने दिन में?"

"आठ दिन में।"

"हे भगवान! कितने जने हो?"

"अकेला।"

पश्चिमी हिमालय में अमूमन 3200 मीटर की ऊँचाई पर जंगल समाप्त हो जाते हैं और आरम्भ होता है आँखों को सुकून देने वाला नज़ारा।

"हे भगवान!"

एक कार की बग़ल में रुका तो बातचीत शुरू हो गयी- """हेलो, यू आर फ्रॉम?"

"दिल्ली।"

"व्हेयर आर यू गोइंग?"

"लद्दाख।"

"ओ माई गॉड! बाइ साइकिल?"

"मैं बहुत अच्छी हिंदी बोल सकता हूँ; अगर आप भी हिंदी में बोल सकते हैं तो मुझसे हिंदी में बात कीजिए... अगर आप हिंदी नहीं बोल सकते तो क्षमा कीजिए, मैं आपकी भाषा इससे ज्यादा नहीं समझ सकता।"

उन्होंने "ओके, ओके, थैंक्यू" कहते हुए बात बंद कर दी।

ब्यास नाले पर मेला-सा लगा था। ऊपर मढ़ी तक लाइन थी, जाम भी था। जाम इतना भयंकर था कि आगे बढ़ने की संभावना न देख पर्यटक यहीं मौज-मस्ती करने लगे। इनमें वे भी थे, जो सुबह छह बजे मनाली से चले थे। रोहतांग तक उनके पहुँचने की संभावना भी नहीं थी।

यहाँ से हल्का भोजन करके आगे बढ़ा। तभी एक और साइकिलिस्ट मिला - मुंबई से सचिन गाँवकर। वह भी लेह जा रहा था। थोड़ी बहुत बातचीत हुई। आर्टिस्ट है, मूर्तियाँ बनाता है और फिल्मों के लिये सेट डिजाइनिंग भी। वो ब्यास पुल पर ही रुक गया, मैं आगे बढ़ गया।

छोटी गाड़ियों के तो बुरे हाल हैं ही, बड़ी के और भी बुरे। हिमाचल परिवहन की उदयपुर से कुल्लू जाने वाली बस जाम में बुरी फँसी खड़ी थी। उसके आगे कोई गाड़ी नहीं, पीछे लंबी कतार। सड़क के आधे हिस्से में ऊपर जाने वाली गाड़ियाँ। बस के निकलने का रास्ता नहीं। मुझे भी करीब आधे घंटे तक यहीं फँसना पड़ा - साइकिल के बावजूद।

एक बजे मढ़ी पहुँचा। सभी दुकानें बंद। आख़िर में एक दुकान खुली मिली, वो भी हिमाचल पर्यटन की। सैंडविच, ब्रैड आमलेट और चाय ही मिल सकती थी यहाँ। बड़ी भीड़ थी। लोग न खुलने वाले जाम में फँसे हों और खाने की दुकान पर भीड़ न हो! मैंने दो सैंड़विच पैक करा लिया।

यहाँ पहले सबकुछ मिल जाता था - भरपूर खाने पीने से लेकर सोने के लिये कमरे तक। कहते हैं एक बार यहाँ एक जज साहब पधारे। उनके साथ कुछ अभद्रता हो गयी। बस, तभी से उन्होंने ठान लिया और लंबे कानूनी चक्करों के बाद आज यह हो गया। एन.जी.टी. - नेशनल ग्रीन ट्रिब्यून - ने बहुत तरह के प्रतिबंध लगा रखे हैं। लेकिन जिस दिन मैं साइकिल से यहाँ पहुँचा, खाने की बड़ी तंगी थी। आनन-फानन में हिमाचल पर्यटन विभाग ने तंबू लगाये व

खाना मुहैया कराने लगा। रेस्ट हाउस भी था जो कि फुल था। अगले साल शायद हालात कुछ सुधरें।

हालाँकि अभी भी (2017 में) केस पूरी तरह निपटा नहीं है। इस कारण 2014 से दुकानें खोलने की अस्थाई अनुमति दे दी।

रोहतांग की तरफ मुँह उठाकर देखा, बादल आने लगे थे। यहाँ से रोहतांग 16 किलोमीटर है। मुझे पाँच घंटे तो लगेंगे ही। अभी दो भी नहीं बजे हैं, आगे बढ़ने का कोई फ़ायदा नहीं, यहीं रुक जाता हूँ।

मुंबई का साइकिलिस्ट सचिन भी आ गया। उसे भी आज यहीं रुकना था। वह आज सुबह ही मनाली से चला था। मैं सोचने लगा कि यह होता है अनुभव और तैयारी। मुझे दो दिन लग गये, दम निकला अलग से; और सचिन पर अभी भी कोई असर नहीं था थकान का। वह आज ही रोहतांग भी पार कर सकता था, लेकिन ख़राब होते मौसम को देखकर वह रुक गया।

रुकने को कोई छत न मिली तो अपनी छत सही। हमने टैंट लगा लिया। सचिन के पास टैंट नहीं था, लेकिन स्लीपिंग बैग था।

ऐसी साइकिलों में अक्सर कैरियर नहीं होता, बाद में अलग से लगवाना पड़ता है। कैरियर लगवाने के लिये कभी-कभी साइकिल में मामूली बदलाहट भी करनी पड़ती है, जैसे कि कोई अतिरिक्त छेद। मैंने स्वयं अपनी साइकिल में कैरियर लगाया था, जो एक्सल पर बिल्कुल भी नहीं टिका था। सचिन की साइकिल में कैरियर का जुगाड़ देखा। उसमें भी एक्सल के पास फ्रेम में एक छेद करके कैरियर लगाया गया था। कैरियर लगाने वाले मिस्त्री का सारा ध्यान कैरियर लगाकर सचिन को चलता कर देने पर ही लगा होगा, तभी तो डिस्क ब्रेक वाला तार कैरियर के नीचे बुरी तरह मुड़ गया था। मैंने सचिन से कहा कि तुम बिना पिछले ब्रेक के कैसे साइकिल चला रहे हो; रोहतांग के बाद जब उतराई आयेगी, तब अगला ब्रेक लगाना बेहद मुश्किल साबित हो सकता है।

सचिन ने कहा कि मुझे नहीं पता कि ब्रेक क्यों नहीं लग रहा। खूब माथापच्ची कर ली, लेकिन ब्रेक ठीक नहीं हो सका, अब अगले ब्रेक के भरोसे ही चलना पड़ेगा। मैंने उसे समस्या दिखायी और कहा कि अगर कैरियर खोलकर यह तार निकालकर सीधा कर दिया जाये तो ब्रेक लगने लगेंगे। मैं यह काम आसानी से कर सकता था और किया भी। पंद्रह मिनट भी नहीं लगे और पिछला ब्रेक ठीक हो गया। सचिन ने पूछा तुम किस विधा में इंजीनियर हो? मैंने कहा, ब्रेक ठीक होने के बाद तुम्हें यह बात नहीं पूछनी चाहिए।

मढ़ी में भी पूरा मेले-जैसा माहौल था। नीचे बड़ी दूर तक जाम लगा था। यह जाम मेरा देखा हुआ था। ऊपर रोहतांग की तरफ़ भी जाम लग रहा होगा, जो हमें नहीं दिख रहा था। नीचे वाले जाम से जो भी गाड़ी निकलती, वह रोहतांग की तरह दौड़ लगा देती। उस समय तक रोहतांग जाने के लिये कोई परमिट नहीं लगता था, इसलिये अनगिनत गाड़ियाँ रोहतांग चली जाया करती थीं। पिछले साल से एन.जी.टी. ने रोहतांग के लिये परमिट लागू कर दिया, तो जाम से मुक्ति मिलने लगी। अब तो मोटरसाइकिलों के लिये भी परमिट लेना पड़ता है।

तो ऐसे भयंकर जाम में जहाँ भी पर्यटकों को बर्फ़ मिलती, वहीं मौज-मस्ती शुरू कर देते। आख़िर ये सभी लोग बर्फ़ देखने ही तो रोहतांग जा रहे थे। मढ़ी से नीचे थोड़ी-सी बर्फ़ थी। पर्यटक मस्ती कर रहे थे। यहाँ पैरा-ग्लाइडिंग भी होती है। बहुत सारे लोग पैरा-ग्लाइडिंग भी कर रहे थे। कुल मिलाकर जिसे जैसा मौका मिल रहा था, वो उसी के अनुसार आनंदित हो रहा था। इनमें से ज्यादातर तो सुबह चार बजे या उससे भी पहले मनाली से निकले हुए हैं। सभी टैक्सी वाले जानते हैं कि देर करेंगे तो रोहतांग तक नहीं पहुँच सकेंगे।

ऐसे में लाहौल वालों को निःसंदेह बड़ी परेशानी होती होगी। किसी आपातकाल में उनके पास इस जाम में फँसने के अलावा कोई और चारा नहीं होता होगा। उदयपुर, त्रिलोकनाथ, केलांग और लेह

तक की बसें इस जाम में खड़ी थीं। फ़िलहाल एन.जी.टी. ने परमिट और प्रतिबंध लगाकर ठीक ही किया। रोहतांग के नीचे सुरंग बनाने का काम चल ही रहा है। सुरंग चालू हो जायेगी, तो लाहौल, स्पीति और लद्दाख जाने वालों को रोहतांग नहीं चढ़ना पड़ेगा।

स्थानीय आबादी को कोई परेशानी न हो, पर्यटन उतना ही उचित है। जहाँ पर्यटन के कारण स्थानीयों को परेशानी होने लगे तो प्रतिबंध लगाना पड़ता है।

चौथा दिन - मढ़ी से गोंदला

7 जून 2013, स्थान मढ़ी

पाँच बजे आँख खुली। सोच रखा था कि आज जितनी जल्दी हो सके निकल जाना है। बाद में रोहतांग जाने वाली गाड़ियों का जबरदस्त रेला हमें चलने में समस्या पैदा करेगा। फिर भी निकलते-निकलते साढ़े छह बज गये। सचिन को साइकिल का अच्छा अभ्यास है, वो आगे निकल गया।

कुछ आगे चलकर ख़राब सड़क मिली। इस पर कीचड़ ही कीचड़ था। जहाँ तक हो सका, साइकिल पर बैठकर ही चला। बाद में नीचे भी उतरना पड़ा और पैदल चला। पीछे से गाड़ियों का काफ़िला आगे निकलता ही जा रहा था; वे ठहरे जल्दबाज, जैसे कि रोहतांग भाग जायेगा। कीचड़ के छींटे मुझ पर और साइकिल पर भी बहुत पड़े।

मढ़ी समुद्र तल से 3300 मीटर की ऊँचाई पर है और रोहतांग 3900 मीटर पर। दोनों की दूरी है सोलह किलोमीटर। शुरू में सड़क लूप बनाकर ऊपर चढ़ती है। जिस तरह आगे सरचू के पास गाटा लूप हैं, उसी तरह इनका भी कुछ नाम होना चाहिये था, जैसे कि मढ़ी लूप।

साढ़े आठ बजे चाय की गाड़ी मिली। यहाँ संकरी सड़क की वजह से जाम भी लगा था। पंद्रह मिनट बाद यहाँ से चल पड़ा।

कैरियर पर रखा बैग एक तरफ झुक गया था। उसे सीधा करने के लिये एक मोड़ पर साइकिल रोकी व बड़ी-सी चट्टान का सहारा लेकर खड़ी कर दी। रस्सी खोलकर बैग ठीक करने लगा। तभी एक स्कार्पियो आकर रुकी। सभी पेशाब के सताये हुए थे। एक आदमी मेरे पास आया। बोला - यहाँ से हटो, महिलाओं को पेशाब करना है। उसने इस अन्दाज़ से कहा कि हम बड़ी गाड़ी वाले हैं, तू साइकिल....। मुझे उसका यह अन्दाज़ पसंद नहीं आया। मैंने कहा - नहीं हटूँगा, मैं यहाँ पहले से हूँ; मुझे देखकर अगर आपको शर्म आ रही है, तो यहाँ रुकना ही नहीं चाहिए था। बोला कि ठीक है, उधर से मुँह फेरकर खड़े हो जाओ। मैंने कहा - नहीं, आपको जो करना हो, जहाँ करना हो, करो, लेकिन मुझे परेशान मत करो... मैं आपके कहने से न तो यहाँ से हटूँगा, न ही मुँह फेरूँगा। आपको दूसरी जगह गाड़ी रोकनी चाहिये थी।

आख़िरकार वे जिस काम के लिये रुके थे, निपटाया - महिलाओं ने उस बड़ी चट्टान के पीछे, जिस पर मैंने साइकिल टिका रखी थी और पुरुषों की तो सारी दिशाएँ अपनी हैं ही।

रोहतांग लगभग 3900 मीटर पर है। 3800 मीटर पर मुझे हाई एल्टीट्यूड सिकनेस होने लगी। साँस लेने में परेशानी व जल्दी-जल्दी थकान। फिर पानी की कमी भी थी। बोतल खाली हो चुकी थी। एक कार वाले से पानी माँगा भी, लेकिन एक ही बार में वो ख़त्म हो गया; फिर किसी और से माँगने की हिम्मत नहीं हुई।

शरीर आराम की भी माँग करने लगा। भूख भी लगने लगी। सुबह ब्रेड आमलेट खाकर चला था और चाय वाली गाड़ी पर चाय बिस्कुट खाये थे। शरीर में ऊर्जा की खपत अत्यधिक थी, लेकिन भरपाई न्यूनतम। ऐसे में सूखे मेवे काम आ जाया करते हैं। एक पुलिया पर साइकिल रोक दी व आधे घंटे तक शरीर को ऊर्जित करने की

जून में रोहतांग दर्रे पर बर्फ भी खूब मिलती है और भीड़ भी। लेखक इसलिये खुश नज़र आ रहा है कि इसके बाद न भीड़ मिलेगी, न गाड़ियों का शोर।

कोशिश करता रहा। इस कोशिश से पर्याप्त ऊर्जा नहीं मिली। यह मिली कुछ आगे चलकर, जब पानी मिला। पानी मिलते ही शरीर ने तुरंत कहा - चल भाई, जल्दी रोहतांग पार कर ले।

रोहतांग दर्रा। पर्यटकों के लिये यह बर्फ़ के ढेर और मौजमस्ती से ज्यादा कुछ नहीं है, लेकिन घुमक्कड़ यहाँ आकर 'इमोशनल' हो जाया करते हैं। क्योंकि अभी तक वे पर्यटकों के क्षेत्र में घुमक्कड़ी करने की कोशिश कर रहे थे, अब उनका अपना क्षेत्र शुरू होने वाला है - घुमक्कड़ों का क्षेत्र। सुना है कि रोहतांग के उस तरफ की दुनिया बिल्कुल अलग ही है... अब वो दुनिया मुझसे ज्यादा दूर नहीं।

मेला-सा लगा था रोहतांग पर। मौजमस्ती करने के तरह-तरह के साधन। आधे घंटे यहाँ बैठा रहा। दो कप चाय सुड़क ली। महँगी तो थी, लेकिन 3900 मीटर की ऊँचाई पर इसका आनंद भी निराला ही था। सामने बर्फ़ में लुढ़कते-पुढ़कते, स्लेजिंग करते, बर्फ़-गाड़ी चलाते, खच्चर की सवारी करते, उसके साथ फोटो खिंचवाते पर्यटक।

सबकी अपनी-अपनी दुनिया थी। इनमें से बहुतों को तो यह भी नहीं पता था कि रोहतांग से भी आगे मनुष्य निवास करते हैं।

रोहतांग से आगे बढ़ा, तो दो परिवार मिले। सड़क के दोनों ओर बर्फ़ थी। वे खेल रहे थे। उन्होंने मुझे रोका। पानी माँगा। कहने लगे कि भाई, यहाँ बर्फ़ तो भरपूर है, लेकिन पानी नहीं; गला सूखा जा रहा है। अपनी तकलीफ़ तो देखी जाये, लेकिन बच्चों की नहीं देखी जाती। मैंने बोतल निकाली। पूरी भरी थी। उन्हें दे दी। पाँच-छह बच्चे थे। बड़ों ने हिदायत दी कि किसी को भी एक घूँट से ज्यादा पानी नहीं मिलेगा। मैंने कहा, बच्चों के साथ ऐसा अत्याचार मत करो; यह सारा पानी तुम्हारा है... खाली बोतल दे देना मुझे। उन्होंने कहा- नहीं भाई, आप साइकिल चला रहे हो। हमसे भी ज्यादा ज़रूरत आपको है पानी की। मैंने कहा नहीं, आगे ढलान है, मुझे नीचे ही उतरते जाना है, बहुत पानी मिल जायेगा रास्ते में। आख़िरकार मुझे सधन्यवाद खाली बोतल मिली व ढेर सारे फोटो भी।

यहाँ ट्रकों की लाइन लगी थी - मनाली जाने के लिये। ट्रकवाले जानते थे कि इस समय अगर आगे बढ़े तो जाम में ख़ैर नहीं। रात होने पर जब सभी पर्यटक यहाँ से चले जायेंगे, तब ये लोग आगे बढ़ेंगे। लद्दाख और लाहौल से ज्यादातर ट्रक खाली ही आते हैं, लेकिन जाम में कोई नहीं फँसना चाहता।

रोहतांग से चला। ढलान मिलने लगा। कुछ दूर तक सड़क अच्छी थी, लेकिन सड़क पर पानी भी था। अत्यधिक ठंडा था। सीधे बर्फ़ से पिघलकर आ रहा था, इसलिये ठंडा था। साइकिल पर अब पैडल मारने की आवश्यकता ही नहीं। तीन दिनों बाद ऐसा मौका मिला कि बिना पैडल मारे साइकिल चलती रहे... मोटरसाइकिल वालों के कितने मजे हैं! उन्हें पैडल ही नहीं मारने पड़ते।

लेकिन ढलान के बावजूद साइकिल अपेक्षित तेजी से नहीं चल सकी। सड़क अच्छी बनी थी; तेज चलता तो अत्यधिक ठंडे पानी के छींटे पैरों पर पड़ते; फिर हवा भी अच्छी-खासी चल रही थी, पैर जल्दी

ही ठंडे हो जाते।

तीन-चार किलोमीटर के बाद ख़राब सड़क आ गयी, जो 18-20 किलोमीटर आगे कोकसर में ही ठीक हुई। इस ख़राब सड़क पर अक्सर कीचड़ भी मिल जाती, तो नीचे उतरकर चलना पड़ता, नहीं तो नुकीले पत्थर ऐसे तैयार थे, मानो अभी पंचर कर देंगे।

ऊपर चढ़ने में पैरों की अच्छी कसरत होती है, तो नीचे उतरना भी आरामदायक नहीं है। सड़क ख़राब हो तो ब्रेक से उँगलियाँ नहीं हटायी जा सकतीं। थोड़ी-थोड़ी देर बाद रुककर उँगलियों को आराम देना होता। फिर शरीर का ज्यादातर वजन भी हाथों पर ही आ पड़ता। कोहनियाँ दुखने लगतीं।

अब पर्यटकों की गाड़ियों का काफ़िला ख़त्म हो चुका था। दूर-दूर तक खाली सड़क। कभी-कभार ही कोई दीखता।

सवा दो बजे ग्रामफू पहुँचा। यहाँ से स्पीति इलाके के लिये सड़क गयी है। पहले तो सड़क चन्द्रा नदी के साथ-साथ गयी है और फिर कुंज़ुम दर्रा पार करके स्पीति नदी के साथ-साथ चलने लगती है। पता चला वो पूरी सड़क अत्यधिक ख़राब है। अभी कुंज़ुम दर्रा नहीं खुला था।

तीन बजे कोकसर पहुँच गया। यहाँ सचिन मिल गया। बोला, डेढ़ घंटे से प्रतीक्षा कर रहा हूँ। मैंने समझाया - "हम दोनों 'सोलो ट्रैवलर' हैं, प्रतीक्षा नहीं किया करते; दोनों के अपने-अपने लक्ष्य हैं और अपनी-अपनी ताकत।" मैं जानता था कि सचिन साइकिलिंग में मुझसे मीलों आगे है; उसके सामने मैं कहीं भी नहीं ठहरता। कल ही हम मिले हैं; एक-दूसरे के बारे में कुछ भी नहीं जानते। अगर वो संकोचवश, इंसानियतवश या किसी भी 'वश' मेरे साथ चलना चाहता है, तो मेरी धीमी चाल की वजह से उसे परेशानी होगी।

भूखा था, भरपेट चावल खाये। साढ़े तीन बजे यहाँ से चल पड़े। इसके बाद बेहतरीन सड़क मिल गयी। चंद्रा पार की और टांडी का

प्रतीक्षा करने के लिये भला इससे बेहतर स्थान और क्या हो सकता है! लेह से लौट रहे ट्रक रोहतांग से रात होने व भीड़ छँटने के बाद ही प्रस्थान करेंगे।

लक्ष्य लेकर आगे चल दिये। चंद्रा के साथ-साथ चलने में पिछले दिनों की सारी थकान भूल गये। रास्ते में एक छोटा-सा नाला भी नीचे उतरकर पार करना पड़ा। इसने झलक दिखा दी कि आगे और भी बड़े नाले मिलेंगे तो उन्हें पार करना कितना चुनौती भरा रहेगा।

पाँच बजे सिस्सू पहुँचे। यहाँ एक छोटी-सी कृत्रिम झील भी है जिसमें चंद्रा का पानी आता है। चंद्रा के पानी का भरपूर उपयोग करके लोगों ने यहाँ काफ़ी पेड़-पौधे लगा रखे हैं और अच्छी-खासी हरियाली भी है।

और प्राकृतिक सुंदरता के तो कहने ही क्या! अब जंगल तो नहीं था, लेकिन हरियाली ख़ूब थी। चंद्रा के उस तरफ़ के पहाड़ों पर अनगिनत ग्लेशियर भी टँगे मिले। उन्हें देखकर ख़याल आया कि अगर सड़क उनके नीचे से होती तो कितनी ख़तरनाक होती। यह ख़याल आते ही अपनी सड़क के ऊपर भी नज़र मार ली कि कहीं कोई ऐसा ही ग्लेशियर न हो। वैसे इस तरफ़ भी कई ग्लेशियर हैं, लेकिन

सभी सड़क से दूर ही दूर हैं।

सिस्सू के बाद ढलान ख़त्म और रास्ता समतल-सा हो गया। कहीं चढ़ाई भी मिल जाती तो स्पीड कम हो जाती। साढ़े छह बजे जब गोंदला से चार किलोमीटर पीछे थे, तभी सोच लिया कि यहीं रुक जाते हैं। टांडी अभी भी 14 किलोमीटर दूर था। मेरी ऊर्जा समाप्त होने लगी थी। तरुण गोयल ने गोंदला के अपने एक मित्र डॉ. विशाल का फोन नंबर दे रखा था, इसलिये भी गोंदला रुकने का मन बन गया। अगर उनका फोन नंबर न होता तो मज़बूरी में आगे बढ़ना पड़ता।

सात बजे गोंदला पहुँच गये। नाला पार करके एक मंदिर के पास जब विशाल से बात हुई तो उन्होंने नीचे रेस्ट हाउस के पास आने को कहा। वे वैसे तो काँगड़ा के थे, लेकिन उनकी पोस्टिंग यहीं थी। रेस्ट हाउस के बराबर में ही अस्पताल है। हमारा ठिकाना रेस्ट हाउस में हो गया और खाना मित्र के यहाँ। रेस्ट हाउस में गीजर भी लगा था, सोच लिया कि कल नहाऊँगा।

सचिन ने कल का कार्यक्रम पूछा। मैंने कहा - मैं चार-पाँच रातों से अच्छी तरह नहीं सो पाया हूँ, आज भरपूर नींद लेने का मौका है; नींद के साथ कोई अत्याचार नहीं करूँगा; कल जब भी अपने आप आँख खुलेगी, तभी उठूँगा, चाहे दस बजें या बारह। बोला कि नहीं, सुबह छह-सात बजे उठेंगे और निकल पड़ेंगे। कम से कम दारचा तक तो पहुँच ही जाना चाहिये। मैंने मना कर दिया - "नहीं, हम दोनों एकल घुमक्कड़ हैं; तुम अपनी योजना बनाओ, मैं अपनी योजना बनाता हूँ। अगर दोनों की योजनाओं में मित्रता हो गयी तो हम साथ रहेंगे, नहीं तो तुम अपने रास्ते, मैं अपने रास्ते।" इस बात को सचिन ने भी बहुत सराहा और इसी बात पर दोनों में सहमति भी हो गयी।

तीन दिनों से हाफ़ पैंट पहनने के कारण घुटनों से नीचे पैर जल गये थे। हाथ भी नहीं लगाया जा रहा था। कल फुल पैंट पहननी पड़ेगी। पता नहीं क्या सोचकर बर्फ़ से ढके रोहतांग को धूप में हाफ़ पैंट पहनकर पार किया। यही थी अनुभवहीनता। अगर आज मुझे कहीं

हिमालय यात्रा पर जाना हो, तो कभी भी हाफ़ पैंट या आधी बाजू की टी-शर्ट नहीं पहनता। ठंड के कारण नहीं, बल्कि धूप के कारण। हिमालय की तेज धूप में मेरी त्वचा जल जाती है। हाँ, हिमालय शीतल तो है, लेकिन वहाँ धूप बड़ी तेज निकलती है।

आज 64 किलोमीटर साइकिल चलायी। पहले दिन 21 किलोमीटर, दूसरे दिन 13 किलोमीटर और आज 64 किलोमीटर। पता था कि सब ढलान की करामात है, लेकिन मन को खुश करने के लिये आज का आँकड़ा बहुत अच्छा था। सचिन ने भी कहा कि मैंने आज अच्छी साइकिल चलायी।

रेस्ट हाउस में बराबर वाले कमरे में स्थानीय युवक एक भेड़ के आंतरिक अंग भून रहे थे। उन्होंने हमें भी दावत उड़ाने के लिए आमंत्रित किया, लेकिन हम इन चीजों से दूर ही रहते हैं।

पाँचवाँ दिन - गोंदला से गेमूर

8 जून 2013

साढ़े आठ बजे आँख खुली; और अपने आप नहीं खुल गयी। सचिन ने झिंझोड़ा, आवाज़ दी, तब जाकर उठा। वो हेलमेट लगाकर जाने के लिये तैयार खड़ा था। मैंने उसे कल ही बता दिया था कि भरपूर नींद लूँगा, इसीलिये उसने जल्दी उठकर मुझे नहीं उठाया। मेरी आँख खुलते ही उसने मेरी योजना पूछी। मैं भला क्या योजना बनाता! कल योजना बनायी थी, भरपूर सोने की; और अभी मेरी नींद पूरी नहीं हुई है... पता नहीं कब पूरी हो, तुम चले जाओ, मैं उठकर जहाँ तक भी पहुँच सकूँगा, पहुँच जाऊँगा। आज रात भले ही केलांग या जिस्पा में रहूँ, लेकिन कल ज़िंगज़िंगबार में रात गुजारूँगा। उधर सचिन का इरादा आज जिस्पा या दारचा में रुककर अगली रात ज़िंगज़िंगबार में रुकने का था। ज़िंगज़िंगबार बारालाचा-ला के इधर आख़िरी ठिकाना

है, जहाँ हमें रुकने की जगह और खाना मिल जायेगा। आज तो पता नहीं हम मिलें या न मिलें, लेकिन कल ज़िंगज़िंगबार में अवश्य मिलेंगे।

सचिन के जाने के बाद मैं फिर सो गया। साढ़े ग्यारह बजे आँख खुली। असल में पिछली दो रातें स्लीपिंग बैग में गुजारी थीं; उनसे पहली रात दिल्ली से मनाली बस में और उससे भी पहले चार नाइट ड्यूटी। नाइट ड्यूटी करके दिन में कम ही सोता था व यात्रा की तैयारी करता था। यानी पिछले एक सप्ताह से मैं ढंग से सो नहीं पाया था। आज सारी कसर निकल गयी।

ग्यारह बजे उठकर सबसे पहले नहाया। गीजर था, पानी गर्म करने में कोई समस्या नहीं थी। चार दिन पहले दिल्ली में ही नहाया था, अब छह-सात दिन तक नहाने की संभावना भी नहीं।

चेहरे पर भी कुछ जलन महसूस हो रही थी और चश्मा न होने के कारण आँखों में भी। आज हाफ़ पैंट हटाकर फुल पैंट पहन ली और सोच लिया कि केलांग पहुँचकर चश्मा खरीदूँगा।

चश्मे की मुझे कभी आदत नहीं रही, इसलिये इसकी कोई परवाह नहीं करता। मनाली में दो सौ का चश्मा मोलभाव करके पचास में खरीदा था। पचास मीटर भी नहीं चला कि वो खो गया। उसके बाद कोठी में एक दुकान वाले से पुनः पचास में खरीदा। वो भी गुम हो गया। उसे असल में मैंने बैग में रख दिया था, अगले दिन ढूँढ़ने लगा तो सामानों की भूलभुलैया में नहीं मिला। अब अपने ही आप मिल गया। चश्मे से कहा कि भाई, अब मत चले जाना; तुझे सिर आँखों पर बिठाकर रखूँगा व दिल्ली भी ले जाऊँगा।

गोंदला चंद्रा नदी के किनारे स्थित है। नदी के उस तरफ़ भी एक गाँव है, और उस गाँव के ऊपर एक ग्लेशियर लटका है। ग्लेशियर कहते हैं, हज़ारों सालों से जमी व ठोस हो चुकी विशाल हिम को। बड़ा भयंकर दिख रहा था यह। कभी-कभी ये ग्लेशियर गिर भी पड़ते हैं -

केलांग कस्बा हिमाचल के लाहौल-स्पीति जिले का मुख्यालय है।

मतलब हिम-स्खलन हो जाया करता है। इनका कोई छोटा-सा टुकड़ा भी पूरे गाँव को तबाह कर देने के लिये काफ़ी है।

गोंदला में रेस्ट हाउस के पास ही एक किला भी है। यह इतना छोटा-सा है कि इसे वाच टावर कहना ज्यादा उपयुक्त होगा। उस समय जानकारी न होने के कारण मैं इसमें अंदर नहीं जा सका। फिर कभी गोंदला जाना होगा, तो देखेंगे इसे भी।

बारह बजकर चालीस मिनट पर रेस्ट हाउस से प्रस्थान कर दिया। यहाँ से मुख्य सड़क काफ़ी ऊपर है। बीस मिनट लगे ऊपर सड़क तक चढ़ने में। एक बजे साइकिल टांडी की ओर दौड़ा दी। पूरा

रास्ता ढलान वाला था, लेकिन बुरी तरह टूटा फूटा भी। दस किलोमीटर की दूरी एक घंटे में तय की। टांडी में हिमाचल प्रदेश का आख़िरी पेट्रोल पंप भी है। यहाँ सूचना लिखी है कि अगला पेट्रोल पंप 365 किलोमीटर आगे है; अर्थात लेह के पास कारू में। लद्दाख जाने वाली प्रत्येक गाड़ी और बाइक यहाँ से अपनी टंकी फुल करवाकर ही आगे बढ़ते हैं।

टांडी में चंद्रा व भागा नदियों का मिलन होता है। दोनों नदियाँ मिलकर चंद्रभागा बनती हैं जो आगे जम्मू-कश्मीर में प्रवेश करके चेनाब कहलाने लगती हैं। भागा नदी बारालाचा-ला से आती है। मेरा आगे का रास्ता भागा के साथ-साथ ही था। ज़ाहिर है कि अब चढ़ाई है। टांडी में खाना खाया और पुल पार करके आगे बढ़ चला।

सूरज कमर के पीछे चमक रहा था। उसने ऐसी आग लगायी कि बार-बार रुककर कमर खुजानी पड़ रही थी। बोतल में रखा पानी भी सीधे धूप में होने की वजह से बहुत गर्म हो गया था। 3000 मीटर की ऊँचाई पर ऐसी गर्मी की उम्मीद नहीं कर सकते, लेकिन इस ऊँचाई पर छाँव में ठंड लगती है व धूप में गर्मी।

टांडी से आगे हालात और ख़राब हो गये। सड़क तो टूटी थी ही, अब चढ़ाई भी शुरू हो गयी। टांडी से चलने के बाद एक घंटे में चार किलोमीटर ही चल सका। टांडी से केलांग सात किलोमीटर है। आख़िरी दो किलोमीटर अच्छी सड़क मिली।

साढ़े चार बजे से साढ़े पाँच बजे तक केलांग में ही रुका रहा। तीन दिन बाद आज एयरटेल का नेटवर्क मिला था। घर पर अपने सकुशल होने की खबर दी। साथ ही यार लोगों से भी बात हुई। मनदीप सपरिवार केलांग घूमने की योजना बना रहा था। रास्ते की जानकारी दी व सपरिवार केलांग न आने की हिदायत भी। रोहतांग पहुँचने से पहले ही गालियाँ शुरू हो जायेंगी व केलांग तक हर सदस्य गाली देगा। ये सभी गालियाँ मेरे खाते में ही आयेंगीं।

केलांग, लाहौल-स्पीति जिले का मुख्यालय है। इस जिले के दो मुख्य भाग हैं - लाहौल व स्पीति। दोनों भागों को कुंजुम दर्रा अलग करता है। कुंजुम अभी भी बंद था, लिहाज़ा स्पीति अपने जिला मुख्यालय से कटा हुआ था। हालाँकि स्पीति जाने का सुगम मार्ग किन्नौर से होकर है। किन्नौर से स्पीति जाने वाली सड़क बारहों महीने खुली रहती है।

क्यों न स्पीति को किन्नौर जिले में मिला दिया जाये! यही हाल पाँगी का भी है। पाँगी चंबा जिले में है, लेकिन ज्यादातर समय चंबा से कटा रहता है। पाँगी को लाहौल में मिला देना चाहिये।

केलांग अच्छा-खासा शहर है। यहाँ रुकने-खाने की सभी सुविधाएँ मिल जाती हैं। दिल्ली से लेह के बीच चलने वाली हिमाचल परिवहन की बस यहीं रात्रि विश्राम करती है। यह बस दिल्ली से शाम को चलकर अगले दिन सुबह मनाली आ जाती है और दोपहर बाद तक केलांग। फिर यह बस यहीं रुक जाती है। इस बस के यात्रियों को भी आसपास के होटलों में शरण लेनी होती है। अगले दिन सुबह-सवेरे यह लेह के लिये चल देती है और शाम तक लेह पहुँच जाती है। इसी तरह वापसी में सुबह लेह से चलकर शाम तक केलांग, अगले दिन केलांग से चलकर दोपहर बाद तक मनाली और तीसरे दिन की सुबह दिल्ली। जब मनाली-लेह सड़क आधिकारिक रूप से खुल जाती है, तभी इस बस का संचालन आरंभ हो जाता है और अक्टूबर-नवंबर तक आधिकारिक रूप से सड़क बंद होने तक चलती रहती है। इस बस में हिमाचल परिवहन की बाकी बसों की तरह ऑनलाइन आरक्षण नहीं होता, क्योंकि ख़राब मौसम या भू-स्खलन आदि के कारण यह बंद भी हो जाती है।

वैसे मनाली से लेह के लिये बहुत सारी प्राइवेट बसें भी चलती हैं। ये बसें आपको एक ही दिन में लेह पहुँचा देंगी।

केलांग से स्टिंगरी 6 किलोमीटर है और जिस्पा 25 किलोमीटर। रास्ता चढ़ाई वाला है। रात दस बजे से पहले जिस्पा नहीं

पहुँच सकूंगा। तो आज स्टिंगरी रुका जाये।

केलांग से निकला तो एक नाला पार करना पड़ा। इसने बता दिया कि बेटा, मेरी तो हैसियत कुछ भी नहीं है, आगे बड़े-बड़े नाले मिलेंगे, जो ट्रकों तक को बहा ले जाने की क्षमता रखते हैं। इसमें घुटनों तक पानी था व बहाव बड़ा जबरदस्त। साइकिल भी एक बार बह जाने से बची।

साढ़े छह बजे स्टिंगरी पहुँचा। यहाँ सेना का पड़ाव है। एक फौजी मिला। बंगाली था। उन्होंने कोशिश की कि मुझे कहीं बस्ती में ठिकाना मिल जाये, लेकिन असफल। मैं 'सिविलियन' था, इसलिये सेना के यहाँ नहीं रुक सकता था। आगे चल पड़ा।

जिस्पा यहाँ से 19 किलोमीटर है। पता चला कि 14 किलोमीटर आगे गेमूर है, जहाँ ठिकाना मिल जायेगा। चौदह किलोमीटर यानी तीन घंटे। रात साढ़े नौ बजे तक पहुँचूँगा।

सड़क बहुत अच्छी है, लेकिन चढ़ाई है। पहले एक घंटे में पाँच किलोमीटर चला। इसके बाद ख़राब सड़क आ गयी। पौने आठ बजे जब दूसरे वाहनों ने अपनी लाइटें जलानी शुरू कर दीं तो मैंने भी लाइट हेलमेट पर लगाकर जला ली। हेलमेट भी मेट्रो प्रदत्त व लाइट भी मेट्रो प्रदत्त। हमें ज्यादातर रात में ऊँचाई पर चढ़कर काम करना होता है, इसलिये सेफ्टी हेलमेट व इस पर लगाने के लिये एल.ई.डी. लाइट मिली हुई है। इसमें पीछे भी लाल रंग की जलती-बुझती लाइट होती है, जो यहाँ पीछे से आने वाले वाहनों के लिये संकेतक का काम करेगी।

जिस स्थान पर मैंने लाइट बैग से निकालकर हेलमेट पर चिपकायी, वहाँ पर एक सड़क ऊपर जाती दिख रही थी। इसमें कई लूप भी थे, यानी मुश्किल चढ़ाई। रास्ता स्टिंगरी से भी चढ़ाई वाला ही था, लेकिन मैं इस लूप वाली तीव्र चढ़ाई के लिये तैयार नहीं था। मना रहा था कि वह लेह वाला रास्ता न हो। तभी उस सड़क से एक ट्रक

आता दिखा। लेह रोड पर ही ट्रकों की ज्यादा आवाजाही रहती है। इसके बाद मेरे बगल से दो बुलेट गुजरीं। वे भी आगे जाकर उसी चढ़ाई पर चढ़ती दिखीं। पक्का हो गया कि मुझे भी वहीं से गुज़रना होगा। तभी एक राहत भरी बात हुई। पंजाब की दो गाड़ियाँ मेरे पास से गयीं व चढ़ाई पर नहीं चढ़ीं। इसके दो ही कारण हो सकते हैं - या तो आगे तिराहा है, या फिर दोनों गाड़ियाँ रुक गयीं हैं। ऐसे निर्जन स्थान पर व इस अँधेरे में पंजाब की गाड़ियों का रुकना हज़म नहीं हुआ। तिराहा ही हो सकता है।

मैं भी आगे बढ़ा तो वास्तव में वहाँ तिराहा था। एक सड़क नीचे जा रही थी, एक ऊपर। जाहिर है मैं नीचे वाली सड़क पर चल पड़ा। कोई सूचना पट्ट भी नहीं था वहाँ। कुछ आगे चार महिलाएँ मिलीं। वे नीचे नदी के पास से लकड़ी बीनकर लायी थीं। उन्होंने बताया कि ऊपर वाली सड़क कोलोंग गाँव जा रही है।

एक महिला ने कहा - "चाकलेट दो।" मैंने कहा - "चाकलेट नहीं है, टॉफी है, पचास पैसे वाली।" "ठीक है, टॉफी ही दे दो।" मैंने जेब में हाथ डाला तो पाँच टॉफियाँ निकल पड़ीं। महिलाएँ थीं चार। फिर भी मैंने पाँचों टॉफियाँ एक महिला को दे दी कि बाँट लो। उसने कहा - "हिसाब गड़बड़ है, तीन टॉफियाँ और दो, तभी हमें बराबर-बराबर यानी दो-दो मिलेंगीं।" मैंने कहा - "नहीं, हिसाब दुरुस्त है... पाँच टॉफियाँ हैं और खाने वाले भी पाँच हैं, लाओ, एक मुझे भी तो दो।" सबकी हँसी छूट पड़ी - "तुम बहुत कंजूस हो।"

आख़िरी पाँच किलोमीटर ढलान वाले थे। अच्छी स्पीड मिली। साढ़े आठ बजे गेमूर पहुँच गया। एक दुकान खुली थी। मैंने ठहरने की बात की। बोला कि कमरा तो है, लेकिन शौचालय नहीं है कमरे में। मुझे तो 'कमरा है' सुनते ही मुँह माँगी मुराद मिल गयी, नहीं तो पाँच किलोमीटर और आगे जिस्पा जाना पड़ता, और वहाँ महँगे कमरे मिलते... हालाँकि दारचा भी ज्यादा दूर नहीं था, लेकिन अब मैं अँधेरे में बिल्कुल भी नहीं चलना चाहता था।

कमरे में दो बिस्तर थे और किराया पचास रुपये।

लगभग 3300 मीटर की ऊँचाई व पसीने से भीगे होने के बावजूद ठंड नहीं लगी। रात सोते समय भी नहीं, जबकि यहाँ सर्दियों में खूब बर्फ़ पड़ती है।

टी.वी. पर क्रिकेट मैच चल रहा था - चैम्पियन्स ट्रॉफी - शायद इंग्लैंड व आस्ट्रेलिया के बीच। मेरी क्रिकेट में ज्यादा दिलचस्पी नहीं है, लेकिन फिर भी कमेंट्री करते सिद्धू की आवाज कान में पड़ी -

"इंसान अपना मुकद्दर खुद बनाता है, बाद में उसे होनी का नाम दे देता है।"

मैंने इसे स्वयं से जोड़कर देखा। मैं अति प्रसन्न भी था, क्योंकि साइकिल से लद्दाख जा रहा था और अप्रसन्न भी था क्योंकि आगे बारालाचा-ला और तंगलंग-ला जैसे दर्रे थे। रोहतांग पार करने में हालत ख़राब हो गयी थी। ये दोनों कैसे पार होंगे? लेकिन पार तो करने ही होंगे। अपना यह मुकद्दर मैंने खुद ही बनाया था।

छठा दिन - गेमूर से ज़िंगज़िंगबार

9 जून 2013

गेमूर मनाली से 133 किलोमीटर दूर है। सात बजे आँख खुली। गाँव के बीचोंबीच एक नाला था। बड़ा तेज बहाव था। कुछ नीचे इसी के किनारे सार्वजनिक शौचालय बना था। नाले के पानी का कुछ हिस्सा शौचालय में भी जाता था। मैं बड़ी सावधानी से गया, फिर भी बर्फ़ीले ठंडे पानी में पैर भीग गये।

साइकिल धूल-धूसरित हो गयी थी। पुनः नाले का लाभ उठाया। दस मिनट में चकाचक। लेकिन ठंडे पानी से हाथों की ऐसी-तैसी हो

गयी।

यहीं नाश्ता किया। नौ बजे निकल पड़ा। आज का लक्ष्य 36 किलोमीटर दूर ज़िंगज़िंगबार तक पहुँचना था। सचिन, रात पता नहीं कहाँ रुका होगा, लेकिन आज वो ज़िंगज़िंगबार में मिलेगा; और यदि आज मैं ज़िंगज़िंगबार पहुँच सकता हूँ, तो अनुभवी सचिन अवश्य बारालाचा-ला पार कर लेगा।

गेमूर से जिस्पा 5 किलोमीटर दूर है। सड़क अच्छी बनी थी, ढलान भी था। पौन घंटा लगा। जिस्पा में होटलों की कोई कमी नहीं है। अगर कल गेमूर में रुकने का इंतजाम न मिलता, तो क्या पता मैं जिस्पा ही रुकता; या फिर आगे दारचा।

जिस्पा से छह किलोमीटर आगे दारचा है। रास्ता चढ़ाई-उतराई दोनों का है। समुद्र तल से लगभग 3400 मीटर ऊँचे दारचा में चारों दिशाओं से नदियाँ आकर मिलती हैं, इसलिये यह स्थान बेहद खूबसूरत बन जाता है। सामने से भागा आती है, बायीं तरफ़ शिंगो-ला की तरफ़ से नदी आती है, नाम पता नहीं; और दाहिनी तरफ़ वाली का भी नाम नहीं पता। इसी खूबसूरती का फ़ायदा उठाते हुए जिस्पा में कई महँगे होटल बन गये हैं। जिस्पा और दारचा के बीच की पाँच-छह किलोमीटर की सड़क से इस घाटी की सुंदरता जमकर देखी जा सकती है।

मैं साढ़े दस बजे दारचा पहुँच गया। शिंगो-ला वाली नदी के पुल के पास चेकपोस्ट है। हर गाड़ी व यात्री का विवरण यहाँ दर्ज होता है। मैंने सोचा साइकिल को छूट मिलेगी, लेकिन जब बैरियर पार करके आगे बढ़ चला तो आवाज आयी - "हेलो सर, एंट्री प्लीज।" मैं साइकिल खड़ी करके उसके पास गया, तो जाते ही बोला - "सर, पासपोर्ट प्लीज!" वो मुझे विदेशी समझ बैठा था। मैंने ठेठ लहज़े में कहा - "भाई, देस्सी हूँ, म्हारा पासपोरट ना हुआ करता।" खैर, उसने एक रजिस्टर में नाम-पता दर्ज़ कर लिया।

यहाँ भरपेट खाना खाया। साढ़े ग्यारह बजे यहाँ से चल पड़ा। आसमान साफ़ था, इसलिये बड़ी तेज धूप थी। इसके कारण आलस भी आ रहा था और सोने का भी मन कर रहा था, लेकिन ज़िंगज़िंगबार पहुँचने की भी इच्छा थी। अगर आज ज़िंगज़िंगबार नहीं पहुँच पाया, तो कल दोपहर बाद बारालाचा-ला पार करना पड़ेगा, जो मैं बिल्कुल भी नहीं चाहता था। दोपहर बाद मौसम ख़राब होना आम है; फिर अब मैं पहले और दूसरे दिन के मुकाबले ज्यादा अच्छा महसूस कर रहा था।

दारचा से निकलते ही बारालाचा-ला की चढ़ाई शुरू हो जाती है। दारचा लगभग 3400 मीटर की ऊँचाई पर है, जबकि बारालाचा-ला 4900 मीटर पर। दूरी है 45 किलोमीटर। दारचा से 23 किलोमीटर आगे 4300 मीटर की ऊँचाई पर ज़िंगज़िंगबार है, जहाँ मुझे रात रुकना है।

सड़क बिल्कुल ख़राब मिली। दारचा से दो किलोमीटर आगे एक तिराहा है, जहाँ से तीसरी सड़क छिया तक जाती है। नाम भूल-सा गया हूँ; या तो छिया है या जिया। यही सड़क आगे शिंगो-ला पार करके पदुम जायेगी और चिलिंग भी। इसे ही मैंने जनवरी में देखा था - निम्मू से चिलिंग के बीच। यह निम्मू-पदुम-दारचा सड़क परियोजना का हिस्सा है। निम्मू से पचास-साठ किलोमीटर तक यह बन चुकी है। पदुम के दोनों तरफ़ भी कुछ दूर तक बनी है और इधर दारचा की तरफ़ से भी शिंगो-ला के नज़दीक तक बन गयी है।

किलोमीटर के पत्थर एक नये स्थान के बारे में बता रहे थे - पतसेव, दारचा से 16 किलोमीटर।

कुछ दूर चलकर अच्छी सड़क आ गयी, लेकिन चढ़ाई बारालाचा-ला पर ही ख़त्म होगी। एक नाला मिला। इस पर पुल नहीं था। बहाव बहुत तेज था। सीधे बर्फ़ पिघलकर आ रही है, तो इसकी ठंडक का वर्णन करने की आवश्यकता नहीं। किसी तरह इसे पार किया। तभी पीछे से एक मोटरसाइकिल आयी। पार करते समय उसके

जिस्पा और दारचा इस मार्ग के सबसे खूबसूरत स्थानों में से एक हैं।

दोनों जूतों में पानी भर गया। हाल-चाल पूछा, जान पहचान हुई। वे इन्दौर से पंकज जैन थे। पर्वतारोही हैं और अब मोटरसाइकिल से लद्दाख जा रहे थे।

यहाँ से एक किलोमीटर भी आगे नहीं गया कि एक और जबरदस्त नाला मिला। इसके दोनों तरफ़ वाहनों की कतारें थीं। एक जे.सी.बी. नाले के रास्ते में आने वाले पत्थरों को हटा रही थी व पथरीली सड़क को समतल बनाने की नाकाम कोशिश कर रही थी। छोटी गाड़ियाँ अल्प समय के लिये इसमें फँसीं भी। मजदूरों ने बीड़ी पिलाने की शर्त पर मेरी साइकिल को पार पहुँचाने की जिम्मेदारी ली, लेकिन मैं कैसे उन्हें बिल्कुल नई चीज पकड़ा देता? इतने दिनों में मुझे इसका अच्छा अभ्यास हो गया था और यह भी जानता था कि इसके किस हिस्से में वजन ज्यादा है, कहाँ कम। तेज बहाव में संतुलन बड़े काम का है और मुझे पता था कि मेरी साइकिल का संतुलन केंद्र कहाँ है। मज़दूरों को साइकिल पकड़ा दूँ; अगर कुछ उल्टा-सीधा हो गया तो कौन जिम्मेदारी लेगा? आख़िरकार मैंने खुद ही साइकिल पार की।

बड़ी देर तक पैर सुन्न रहे।

पौने चार बजे पतसेव पहुँचा। भूख लगी थी, पराँठा खाया। यहाँ तक मेरी हालत बहुत ख़राब हो गयी थी, थकान व ऊँचाई की वजह से। एक और वजह थी कि जो पैंट मैंने पहन रखी थी, वह काफ़ी टाइट थी। दो दिनों तक इसे पहने ही साइकिल चलाता रहा। अब साइकिल पर बैठना भी बहुत मुश्किल होने लगा था।

पतसेव के पास एक छोटी-सी झील है, जिसका नाम है दीपक ताल। यह एक 'ग्लेशियल' झील है। सीधे बर्फ़ का पानी पिघलकर आता है और धीरे-धीरे नीचे बहती भागा नदी में मिल जाता है।

पतसेव से ज़िंगज़िंगबार नौ किलोमीटर है। इनमें से तीन किलोमीटर ही साइकिल पर बैठकर चला, बाकी छह किलोमीटर पैदल। यहाँ भी एक नाला पार करना पड़ा। जे.सी.बी. सड़क साफ़ कर रही थी। दोनों तरफ वाहनों की लाइनें लगी थीं, लेकिन साइकिल को कौन रोक सकता है?

साढ़े छह बजे जब ज़िंगज़िंगबार एक किलोमीटर रह गया, सामने कुछ दिखने भी लगा तो चलने की गति कम कर ली, और जब ज़िंगज़िंगबार पहुँचा तो बड़े ज़ोर का झटका लगा - रहने व खाने का इंतज़ाम यहाँ से छह किलोमीटर और आगे है। अच्छा था कि बी.आर.ओ. का एक ट्रक यहाँ से ऊपर जा रहा था। मजदूरों ने दरियादिली दिखायी व साइकिल छह किलोमीटर के लिये ट्रक पर लद गयी।

इस समय तक मेरी हालत बेहद ख़राब हो चुकी थी। सुबह 3300 मीटर पर था, अब 4300 मीटर पर। ऊपर से ज़िंगज़िंगबार से छह किलोमीटर आगे खाने-रहने का इंतजाम है... यह गलत बात है।

यहाँ 60-70 के करीब मजदूर भी रहते हैं। चार-पाँच तंबू थे, जहाँ घुमक्कड़ों के रहने-खाने व ठहरने का अच्छा इंतज़ाम था। इसी

तरह के एक तंबू में मैं चला गया व रजाई ओढ़कर सो गया। आज मैं 1000 मीटर से भी ज्यादा ऊपर चढ़ा था। एक दिन में इतना ऊपर चढ़ना - खासकर ट्रैकिंग या साइकिलिंग के दौरान - बहुत मुश्किल होता है। मैं बेहद थका था। अच्छी नींद आयी। नौ बजे बच्चों का शोर सुनकर आँख खुली। एक बड़ा कुनबा भी यहाँ डेरा डाल चुका था। बाद में पता चला कि ये मेरठ के थे - अपने पड़ोस के गाँव के... बाद में नहीं बल्कि साथ ही पता चल गया था मेरठी बोली सुनकर।

सचिन को ढूँढ़ा, नहीं मिला। दूसरे तंबू वालों से भी पूछा, सबने मना कर दिया। शायद वो आज ही बारालाचा-ला पार कर गया होगा। वो मुझसे ज्यादा अनुभवी और मजबूत है। मैं आलसी आराम से चला तो यहाँ तक आ गया; वो पक्का आगे निकल गया होगा।

ज़िंगज़िंगबार - कितना अज़ीब नाम है यह! राहुल सांकृत्यायन ने इसे जीजिंगबड़ लिखा है। इसे जीजिंगबड़ ही कहा जाता होगा, लेकिन अंग्रेजी में लिखने के कारण यह ज़िंगज़िंगबार हो गया। अब इसे जीजिंगबड़ कोई नहीं कहता। इधर से बारालाचा-ला पार करने से पहले आख़िरी ठिकाना है यह। अगर आपको लगे कि अँधेरा होने तक बारालाचा-ला नहीं पहुँच पाओगे या आप बाइक से जा रहे हैं या गाड़ी से जा रहे हैं और सरचू से पहले ही रुकना चाहते हैं तो मेरी सलाह है कि बारालाचा-ला पार मत कीजिये और ज़िंगज़िंगबार ही रुक जाइये। हाँ, सरचू की तरफ़ से आने वालों के लिये किलिंग सराय या भरतपुर रुकना ठीक रहेगा, लेकिन इधर से जाने वालों के लिये नहीं।

सातवाँ दिन - ज़िंगज़िंगबार से सरचू

10 जून 2013

सुबह साढ़े पाँच बजे आँख खुल गयी। मेरठ से आया कुनबा जब जाने की तैयारी करने लगा तो शोर हुआ। मैं भी जग गया। तंबू से

बाहर निकला। सामने सचिन खड़ा था। आश्चर्य! मैंने दोबारा आँख मलकर देखा। हाँ, सचिन ही था। रात वह सामने वाले तंबू में ही ठहरा था। मैं तो सोच रहा था कि वो कल ही बारालाचा-ला पार कर गया होगा। पता नहीं कल सचिन धीमे चला या मैं तेज़ चला। सचिन ही धीमे चला होगा। आज अब वो भी बहुत थका था। थकान होना लाज़िमी है। उसे भले ही साइकिलिंग का बहुत अनुभव हो, लेकिन हिमालय का कोई अनुभव नहीं था। कल वह ज़िंदगी में पहली बार 4000 मीटर से ऊपर आया था। वह कल जिस्पा में रुका था, गेमूर से 5-6 किलोमीटर आगे। एक ही दिन में 1000 मीटर चढ़ने से उसकी भी हालत ज्यादा अच्छी नहीं थी।

यहाँ से सूरजताल 13 किलोमीटर व बारालाचा 16 किलोमीटर है। यानी 16 किलोमीटर तक हमें ऊपर चढ़ना है। नाश्ता करके साढ़े सात बजे निकल पड़े - दोनों साथ ही। आज 47 किलोमीटर दूर सरचू पहुँचना है।

यहाँ से निकलते ही चढ़ाई शुरू हो गयी, हालाँकि ज्यादा तीव्र चढ़ाई नहीं थी। सड़क भी अच्छी थी। कुछ आगे चलकर एक नाला पार करना पड़ा। इसमें काफ़ी पानी था, लेकिन ज्यादा फैला होने के कारण उतना तेज बहाव नहीं था। इसके इर्द-गिर्द बर्फ़ थी। जितनी दूरी में नाले का बहाव था, वहाँ सड़क के नाम पर केवल पत्थर ही थे। साइकिल पर बैठकर नहीं चला जा सका। पैदल पार करना पड़ा। इतने ठंडे पानी में इसे पार करने के बाद काफ़ी देर तक अपने पैर ढूँढ़ते रहे।

एक ट्रेकिंग दल यहाँ से नाले के साथ-साथ ऊपर चढ़ने लगा। वे शायद चंद्रताल जा रहे होंगे। मेरी जानकारी में चंद्रताल जाने का रास्ता बारालाचा-ला से है, तो हो सकता है कि एक्लीमेटाइज़ हो रहे हों। उन्हें वहाँ पहुँचने में कई दिन लगेंगे। बर्फ़ तो यहीं से आरंभ हो गयी थी। पूरे रास्ते वे बर्फ़ में ही चलते रहेंगे। गनीमत है कि उन्हें ज्यादा उतराई-चढ़ाई नहीं करनी पड़ेगी।

कुछ और आगे बढ़े तो वाहनों की कतारें मिलीं। अब तक इतना

बारालाचा-ला की चढ़ाई : 4900 मीटर की ऊँचाई पर स्थित होने के कारण यहाँ साल भर बर्फ रहती है।

तो अभ्यास हो चुका था कि वाहनों की कतारों का अर्थ है - आगे तेज बहाव वाला नाला। यहाँ भी ऐसा ही था। बड़ा भयंकर बहाव था। लेकिन अच्छी बात यह थी कि बराबर में पुल का काम चल रहा था। पुल लगभग पूरा हो चुका था, बस लोहे की चादरें बिछानी बाकी थीं। जोर-शोर से काम चल रहा था। लग रहा था कि घंटे भर में काम पूरा हो जायेगा। इसी के भरोसे दोनों ओर गाड़ियाँ रुकी थीं। कोई भी नाले से नहीं निकलना चाहता था।

हम साइकिल वालों की तो हमेशा ही प्रशंसा होती रही। मौका मिलते ही दूसरे लोग हमसे बातें करते, साथ फोटो भी खिंचवाते। यहाँ भी ऐसा ही हुआ। एक गुजराती समूह ने हमें घेर लिया। फोटो खींचे व साइकिल चलाने की भी इच्छा ज़ाहिर की। मैंने उन्हें साइकिल चलाने दी। जब तक उन्होंने साइकिल के मज़े लिये, मैंने देख लिया कि उस अधूरे पुल से पार हुआ जा सकता है। इसके बाद जब साइकिल लेकर मैं पुल पर चढ़ा, मुझसे पहले साइकिल उस पार जा चुकी थी। मजदूरों ने सारा काम कर दिया। यही सचिन के साथ हुआ।

कुछ आगे जाकर जब मैंने पीछे मुड़कर देखा तो एक जल्दबाज गाड़ी नाले में फँसी खड़ी थी। उसके सभी यात्री धीरे-धीरे नाले के बहाव में ही उतरकर बाहर निकल गये थे। आधे घंटे बाद जब पुल चालू हो गया, दोनों तरफ़ की सभी गाड़ियाँ अपने-अपने गंतव्यों की ओर जा चुकीं, वह गाड़ी वहीं फँसी रही। जब तक हम इतना आगे न निकल गये कि उसे देखना असंभव हो गया, वह वहीं खड़ी दिखती रही।

ज़िंगज़िंगबार के ये दो-तीन नाले बड़े बदनाम हैं। जब सुबह के समय ही इतना ज़बरदस्त बहाव था, तो दोपहर बाद क्या हाल होता होगा! कौन करता होगा इन्हें पार? इन्हें सुबह ही पार कर लेने के लिये ज़िंगज़िंगबार और उस तरफ़ भरतपुर के ठिकाने बड़े काम के हैं।

सचिन बहुत अच्छा साइकिलिस्ट है। मुंबई-गोवा व मुंबई-औरंगाबाद सहित कई रास्तों पर साइकिल चला चुका है। उधर मैंने कभी पहाड़ों पर साइकिल नहीं चलायी, सिवाय नीलकंठ की एकदिनी यात्रा के। ज़ाहिर है वह हमेशा मुझसे आगे ही रहा, लेकिन साथ ही पीछे मुड़कर मेरा भी ध्यान रख लेता था। कुछ देर रुक जाता था और साथ ही रहने की कोशिश करता। अब मैं तो उसके साथ नहीं चल सकता था; इतनी हिम्मत भी नहीं थी, उसे ही मेरे साथ चलना पड़ा। कई बार मन में विचार भी आता कि उसे मेरी वजह से धीमे चलना पड़ रहा है। मैं तेज चलने की कोशिश करने लगता तो दम फूल जाता। तेज चलकर जितने सेकंड़ बचाये थे, उससे ज्यादा समय रुककर साँस लेने में निकल जाता। मैं अक्सर उससे कह भी देता था कि भाई, मैं इससे ज्यादा तेज नहीं चल सकता, इसलिये आप अपनी सामान्य रफ़्तार से चलो। वह भी कहता कि कोई बात नहीं।

उसकी यही बात उसे असामान्य बनाती है। रास्ते में मिले एक अनजान यात्री के लिये उसकी यह बात मुझे बड़ी अच्छी लगी, और इसी का नतीज़ा रहा कि बाद में मिज़ोरम में भी हम दोनों ने साइकिलिंग की और आज तक भी हम घनिष्ठ मित्र हैं। सचिन ने अगले ही साल

साइकिल से भारत परिक्रमा भी की।

बारालाचा से करीब छह किलोमीटर पहले बर्फ़ का साम्राज्य शुरू हो गया। बर्फ़ हटाकर सड़क साफ़ की गयी थी। चढ़ाई थी, फिर भी मज़ा आता है चलने में। यहाँ भी मुझे फोटो खिंचवाने के लिये रोका गया।

सवा ग्यारह बजे सूरज ताल पहुँचा - 4770 मीटर - बारालाचा से तीन किलोमीटर पहले। इस छोटी-सी झील के चारों तरफ बर्फ़ीले पहाड़ तो थे ही, झील में भी बड़ी मात्रा में बर्फ़ थी। अगर थोड़ी और गर्मी होती और झील में बर्फ़ न होती, तो निःसन्देह यह गज़ब की सुंदर लगती।

चारों तरफ बर्फ़ ही बर्फ़ हो, ऊपर से सूरज चमक रहा हो तो किसकी मज़ाल कि बिना काला चश्मा लगाये आँखें खोल सके! एक समस्या और भी थी कि फोटो खींचने के लिये चश्मा हटाना पड़ेगा। कैमरे के अंदर झाँकने या स्क्रीन पर देखने के लिये काला चश्मा उपयुक्त नहीं। लेकिन चश्मा हटाया नहीं जा सकता, लगाकर फोटो नहीं खींच सकता तो सभी फोटो अंदाज़े से खींचे। मुझे वैसे तो मैन्युअल फोटोग्राफी पसंद नहीं और यहाँ तो कतई नहीं, फिर भी अंदाज़े से खींचे गये फोटो काफ़ी अच्छे आये।

कुछ दूर एक शेड दिख रहा था। सोचा, वही बारालाचा-ला है। पास गया तो हक़ीक़त पता चली। यह टूटा हुआ शेड था, बारालाचा अभी भी दूर था। बारालाचा 4900 मीटर की ऊँचाई पर है, हम अभी 4850 मीटर पर थे। मैं पूरी यात्रा में अभी तक इतनी ऊँचाई पर नहीं आया था। कमजोरी महसूस होने लगी; उच्च पर्वतीय कमजोरी - एक्यूट माउंटेन सिकनेस - ए.एम.एस.। और जब पता चला कि यह शेड बारालाचा-ला नहीं है, पूरा शरीर नाकारा हो गया। भूख भी लग रही थी, यहीं बैठ गया व काजू-किशमिश-बादाम खाने लगा। आधे घंटे बाद जब शरीर का नाकारापन दूर हुआ, ऊर्जा महसूस हुई तो आगे बढ़ा।

सरचू इस मार्ग का मध्य-बिंदु है। साइकिल से यहाँ तक आ जाना भी बड़ी बात है।

पौने एक बजे बारालाचा-ला पहुँचा। यह दर्रा रोहतांग से भी 1000 मीटर ऊँचा है। ज़ाहिर है बर्फ़ भी ज्यादा होगी; लेकिन ऊँचाई बर्फ़ का पैमाना नहीं है। आगे लद्दाख शुरू होने वाला है, तो ऊँचाई और भी ज्यादा होने के बावजूद बर्फ़ की संभावना कम होती जायेगी।

बारालाचा-ला के बाद सड़क बिल्कुल ख़राब मिली। बर्फ़ के आधिक्य के कारण सड़क पर भी पानी ही पानी था। डेढ़ बजे भरतपुर (4700 मीटर) पहुँचा। यहाँ भी रहने-खाने का अच्छा इन्तज़ाम है। एक जे.सी.बी. सड़क से बर्फ़ हटा रही थी। यहाँ फिर से सचिन मिल गया। सूरजताल से ही वह मुझसे आगे हो गया था। वो खा-पीकर चलने को तैयार बैठा था, मैंने दाल-चावल की इच्छा ज़ाहिर की, लेकिन चावल तैयार नहीं थे। तो ब्रैड आमलेट का भोग लगा लिया। काफ़ी थकान हो रही थी, इसलिये सचिन को सरचू में मिलने की बात कहकर आधे घंटे के लिये सो गया। सचिन सरचू चला गया, जो यहाँ से 25 किलोमीटर दूर था। अगर यहाँ न सोता तो आज सरचू पहुँचना मुश्किल था। शरीर अपने-आप ही विद्रोह कर देता है।

मैंने तंबू वाले से कहा - "भाई, इस बारालाचा ने तो जान निकाल दी, मन कर रहा है कि वापस दिल्ली लौट जाऊँ; आगे और भी ऊँचे-ऊँचे दर्रे हैं, मुझसे नहीं चला जा रहा।"

बोला - "भाई जी, ऐसा मत करना; यहाँ सभी के साथ ऐसा ही होता है... हिम्मत मत हारो; धीरे-धीरे करके लेह पहुँच ही जाओगे। अभी आपका मन वापस लौटने का कर रहा है, लेकिन जब आप इस यात्रा को पूरा कर लोगे तो इसे ज़िंदगी भर याद रखोगे। आपके यार-दोस्त ज़िंदगी भर आपकी वाहवाही किया करेंगे।"

उसकी इस बात ने बड़ा हौसला दिया।

ढाई बजे सोकर उठा। आधे घंटे सोने में ही काफ़ी ताज़गी आ गयी। सरचू तक पूरा रास्ता ढलानयुक्त है, लेकिन ख़राब सड़क की वजह से ढलान का पूरा फ़ायदा नहीं उठाया जा सका। अगर बार-बार ब्रेक न लगाये जायें, तो साइकिल में इतने ज़बरदस्त झटके लगेंगे कि किसी नट-बोल्ट और जोड़ के टूटने का खतरा बढ़ जायेगा। एक बोल्ट भी टूटने से साइकिल बे-काम की हो सकती है। दूसरा नुकसान, शरीर का सारा वजन हाथों पर आ जाता है; तेज चलने से हाथों पर भी बड़े तेज झटके लगते हैं।

भरतपुर से छह किलोमीटर आगे किलिंग सराय है। नाम ऐसा भयंकर क्यों है, पता नहीं। किलिंग सराय यानी हत्यारी सराय! लेकिन ऐसा नहीं है। राहुल सांकृत्यायन ने अपनी लद्दाख यात्रा में इसे किलोंग सराय लिखा है। ज़ाहिर है कि 'किलोंग' एक तिब्बती शब्द है। अर्थ मुझे नहीं पता। यह एक बड़े मैदान में स्थित है। मुख्यतः बी.आर.ओ. का एक पड़ाव है। रुकने-खाने का भी इंतज़ाम मिल जाता है; लेकिन इधर भरतपुर और उधर सरचू होने के कारण यहाँ शायद ही कोई ठहरता होगा। कुछ ही देर पहले भरतपुर में पेट भरने के कारण मैं भी यहाँ नहीं रुका।

किलिंग सराय से सरचू 19 किलोमीटर है। सड़क अच्छी थी,

हालाँकि बीच में एक-दो किलोमीटर ख़राब भी थी। जहाँ ख़राब थी, तो मजदूर इसे ठीक करने में लगे थे। इसी ख़राब सड़क पर सचिन मिला - साइकिल का पंचर लगा रहा था। उसने बताया कि साइकिल के पिछले डिस्क ब्रेक में समस्या है, ठीक काम नहीं कर रहा। पिछला ब्रेक ख़राब होना उतनी बड़ी समस्या नहीं, लेकिन ढलान पर अगले ब्रेक के भरोसे चलना भी ख़तरनाक है। मैंने गौर से देखा तो पाया कि उसका कैरियर बैग ब्रेक पर ही टिका था और ब्रेक को काम नहीं करने दे रहा था। मैंने कहा अभी कुछ नहीं किया जा सकता; धीरे धीरे सरचू पहुँच, वहीं जाकर देखेंगे क्या किया जा सकता है।

सड़क पर मोड़ तो ख़त्म हो गये, ढलान ख़त्म नहीं हुआ; ऊपर से अच्छी सड़क। साइकिल चलाने के लिये इससे अच्छा और क्या हो सकता है! करीब 15 किलोमीटर सरचू तक ऐसा ही रहा।

बराबर में एक नदी बह रही थी। मिट्टी की अधिकता के कारण यह काफ़ी गहरी हो गयी है और दोनों किनारे बिल्कुल खड़े हैं। इन खड़े किनारों पर बड़ी अज़ीब-अज़ीब आकृतियाँ बनी हैं। ये आकृतियाँ दुनिया के प्राकृतिक आश्चर्यों में शुमार की जानी चाहिएँ।

अभी बताया था कि सीधी सड़क थी। इसका कारण था कि यह बहुत लंबा एक मैदान है। पहाड़ दूर थे। इसी मैदान में काफ़ी सारी तंबू कालोनियाँ भी हैं। ये सभी कालोनियाँ महँगी होती हैं और इनकी ऑनलाइन बुकिंग भी की जा सकती है।

जहाँ सात बजे तक सरचू पहुँचने की उम्मीद थी, इस ढलानदार मैदान के कारण छह बजे ही पहुँच गये।

सचिन यहाँ भी मुझसे आगे ही रहा। सरचू से एक किलोमीटर पहले एक दुकान के सामने खड़ा मिला। बोला कि बड़ा महँगा है सरचू। यहाँ 500 रुपये का एक बिस्तर है। मैंने देखा कि यहाँ चाय की एक ही दुकान थी। जबकि सरचू इस मार्ग का मुख्य पड़ाव है, इसलिये काफ़ी सारी दुकानें व तंबू होने चाहिये। मैंने कहा सरचू आगे है। एक

मोड़ के कारण यह दिखाई नहीं दे रहा था। जैसे ही हमने मोड़ पार किया, काफ़ी सारे तंबू दिख पड़े।

सरचू मनाली से 222 किलोमीटर दूर है और लेह से 252 किलोमीटर। सरचू को मनाली-लेह मार्ग का मध्य-स्थान माना जाता है। ट्रक, बसें और अन्य वाहन यहाँ अक्सर एक रात रुकते हैं।

एक तंबू में गये - 200 रुपये प्रति बिस्तर। महँगा लगा। आगे बढ़े तो एक नेपाली के यहाँ 100 रुपये प्रति बिस्तर मिल गये। यहाँ अब तक का सबसे स्वादिष्ट खाना मिला - आलू जीरा, दाल व मक्खन लगी रोटी।

यह स्थान 4300 मीटर की ऊँचाई पर है, फिर भी गर्मी लग रही थी। रजाई से मुँह बाहर निकालता तो ठंडी शुष्क हवा थोड़ी ही देर में नाक को शुष्क कर देती। कुदरत का सिस्टम है कि नाक हमेशा नम रहती है, कभी शुष्क नहीं होती, लेकिन यहाँ हो जाती है। दूसरे, अगर रजाई में मुँह घुसाता तो हल्की हवा के कारण साँस चढ़ने लगती। बड़ी मुश्किल से नींद आयी।

रात ग्यारह बजे एक बस आयी। वह कहीं रास्ते में ख़राब हो गयी थी, इसलिये विलंब से आयी। होटल वाले ने दाल-चावल देने से मना कर दिया। आमलेट ही उपलब्ध हो सकता था। काफ़ी खुशामद करने पर वो दाल-चावल बनाने के लिये राज़ी हुआ। बीस लोगों का भोजन बना। सोने के लिये जितनी जगह यहाँ थी, यहाँ सोये; बाकी इधर-उधर के तंबुओं में। इनमें एक जापानी भी था। वो यहीं स्वयं जगह बनाकर एक रजाई ओढ़कर सो गया। सुबह सात बजे बस के प्रस्थान की बात तय थी।

4
ये कहाँ आ गए हम

* आठवाँ दिन - सरचू से नकी-ला / 95
* नौवाँ दिन - नकी-ला से व्हिस्की नाला / 100
* दसवाँ दिन - व्हिस्की नाले से पांग / 106
* ग्यारहवाँ दिन - पांग से शो-कार मोड़ / 111
* शो-कार (Tso Kar) झील / 116
* बारहवाँ दिन - शो-कार मोड़ से तंगलंग-ला / 120
* तेरहवाँ दिन - तंगलंग-ला से उप्शी / 127
* चौदहवाँ दिन - उप्शी से लेह / 133

4

ये कहाँ आ गए हम

आठवाँ दिन - सरचू से नकी-ला

11 जून 2013

साढ़े आठ बजे आँख खुली। सचिन कभी का जग चुका था। आज बड़ा लंबा रास्ता तय करने की योजना बनायी। कम से कम पांग तक तो जाना ही पड़ेगा, जो यहाँ से 78 किलोमीटर दूर है। पता चला कि सरचू व पांग के बीच में खाने ठहरने को कुछ नहीं। साथ ही दो दर्रे भी पार करने थे। ज्यादातर रास्ता चढ़ाई भरा ही था। और ज्यादा पूछताछ की तो पता चला कि व्हिस्की नाले पर रहने खाने को मिल सकता है। व्हिस्की नाला यानी लगभग 50 किलोमीटर दूर। वैसे तो हमें आज व्हिस्की नाले तक पहुँचना भी मुश्किल लगा, लेकिन पांग के सपने देखने में क्या जा रहा था? भरपेट खाना खाने के बाद आलू के छह पराँठे पैक करा लिये।

दस बजे यहाँ से चले। कल सोचा था कि आज पूरा दिन सरचू में विश्राम करेंगे, इसलिए उठने में देर कर दी। फिर आज जब उठ ही गये

तो चलने का मन बन गया।

सरचू हिमाचल प्रदेश में है, लेकिन यहाँ से निकलकर जल्द ही जम्मू-कश्मीर शुरू हो जाता है। जम्मू-कश्मीर में भी लद्दाख। वैसे तो भौगोलिक रूप से लद्दाख बारालाचा-ला पार करते ही आरंभ हो जाता है, लेकिन राजनैतिक रूप से यहाँ से आरंभ होगा। वास्तव में सरचू से करीब सात-आठ किलोमीटर आगे एक पुल है - ट्विंग-ट्विंग पुल; वही हिमाचल व लद्दाख की सीमा है। हालाँकि कहीं जम्मू-कश्मीर या लद्दाख का स्वागत बोर्ड नहीं दिखा। सरचू मनाली से 222 किलोमीटर दूर है और लेह से 252 किलोमीटर, फिर भी इसे इस मार्ग का मध्य-स्थान माना जाता है। आप सरचू पहुँच गये, मानों आधी दूरी तय कर ली।

सारप नदी के किनारे सरचू है। यह नदी बारालाचा-ला से निकलती है और लद्दाख व जांस्कर के दुर्गम पहाड़ों की भूल-भुलैया में बहती हुई पदुम के पास जांस्कर नदी में मिल जाती है। इसी के किनारे फुकताल गोम्पा है।

यहाँ सरचू में इसके दूसरे किनारे पर एक गाँव है। बौद्ध गाँव है वह। उसका नाम अब मुझे ध्यान नहीं। बड़ी दुर्गम जगह पर बसा है वह। लोगों का मुख्य पेशा तो निःसन्देह भेड़पालन ही है, लेकिन सौ-सौ किलोमीटर दोनों तरफ उसके कोई गाँव नहीं है, इसलिये उनका कोई पड़ोसी भी नहीं है। नदी पर कोई पुल भी नहीं है; कैसे पार करते होंगे? बिजली और टेलीफोन का तो सवाल ही नहीं। वह गाँव ट्विंग-ट्विंग नदी के ठीक सामने है, इसलिये कह नहीं सकता कि हिमाचल में है या लद्दाख में।

गाटा लूप सरचू से 24 किलोमीटर आगे है और करीब 200 मीटर नीचे भी, इसलिए वहाँ तक ढलान मिली, फिर भी मुझे पौने तीन घंटे लगे वहाँ तक पहुँचने में। इस दौरान दिल्ली से लेह जाने वाली बस भी निकली। रास्ते के नज़ारे ही इतने ज़बरदस्त थे कि बार-बार रुकना पड़ता और फोटो खींचने पड़ते। आज वैसे तो पांग पहुँचना था, लेकिन

यात्रा में सबसे रोमांचक भी हैं और साइकिलिस्टों के लिये दुःस्वप्न भी हैं गाटा लूप की ये चढ़ाईयाँ।

तय था कि नहीं पहुँच पायेंगे और कहीं रास्ते में टैंट लगाना पड़ेगा। इसलिए चलने में सुस्ती भी थी और मौज़ भी।

रास्ते में दो नाले और मिले, दोनों पर पुल थे - ब्रांडी व व्हिस्की नाला। जब व्हिस्की पुल आया तो प्रश्न उठना स्वाभाविक ही था कि यह नाला तो नकी-ला पार करके उस तरफ है, यहाँ कैसे? लेकिन उत्तर कौन देता? खुद ही ढूँढ़ना था।

पौने एक बजे उस स्थान पर पहुँचा, जहाँ से गाटा लूप शुरू होते हैं। सचिन भी यहीं था। उसने देखते ही प्रशंसा की - "आज तो तू बड़ा तेज चल रहा है!"

मैंने कहा - "भाई ढलान है, अब देखना कैसे तेज चल सकूँगा; गाटा लूप की चढ़ाई शुरू होने वाली है।"

यहाँ से आगे चढ़ाई थी। कुल 21 लूप हैं, दूरी दस किलोमीटर। निचला सिरा 4201 मीटर पर, जबकि ऊपरी सिरा 4667 मीटर पर

है। यह चढ़ाई नकी-ला पार करने के लिये है। जब हमने गाटा लूप की चढ़ाई शुरू की, चारों ओर बादल थे; धूप नहीं थी, तेज ठंडी हवा चल रही थी और रह रहकर दो-चार बूँदें भी पड़ जातीं। ऊपर की ओर देखते तो नकी-ला के पास घने काले बादलों का जमावड़ा था। संभावना थी कि वहाँ बर्फ़बारी मिल सकती है।

पेट में दबाव बना था, लेकिन आसपास पानी नहीं था। सोचा कि आगे जहाँ भी पानी मिलेगा, दबाव हल्का कर लूँगा; हालाँकि कुछ आगे चलकर अत्यधिक दबाव के कारण बिना पानी के ही हल्का होना पड़ा। ऐसी यात्राओं में इसे अशुद्धता नहीं मानना चाहिये।

यहाँ भी गाड़ी वालों ने शॉर्ट कट बना रखे थे। इसी तरह के एक छोटे रास्ते से एक सूमो उतरती दिखी तो हमने भी उसी से चढ़ने का निश्चय कर लिया। हद से हद दो सौ मीटर का रास्ता ही रहा होगा वह, लेकिन इसे पार करने के बाद हमने कान पकड़ लिये कि अब के बाद छोटे रास्ते की तरफ़ देखेंगे भी नहीं।

थोड़ी देर चलते और ज्यादा देर रुकते। गाटा लूप पर चढ़ाई ही चढ़ाई है। इसी तरह एक जगह जब हम साइकिल को चट्टान पर टिकाकर खुद साइकिल से टिककर सुस्ता रहे थे तो एक कार आकर सड़क के मध्य में ही रुकी। उसमें से एक बूढ़ा सिर बाहर झाँका और आँख के सामने कैमरा लगाकर बोला - ''अरे ओये, जरा सामने आना।'' चढ़ाई की वजह से दिमाग वैसे ही भन्ना रहा था, उसका यह लहज़ा सुनकर और गर्म हो गया। फिर भी बुढ़ापे की इज्जत करता हुआ मैं उसके सामने आ गया। झुँझलाई-सी आवाज़ में बोला - ''तुम्हारा क्या करूँगा मैं? साइकिल लेकर आओ।'' जी में आया कि पत्थर उठाकर फोड़ दूँ उसका सिर, पर उसके लिये हिम्मत चाहिये; हिम्मत ख़त्म हो चुकी थी। मैं वापस साइकिल के पास चला गया और पहले की तरह टिक कर बैठ गया। बोला - ''अरे, तुम्हें सुनता नहीं क्या?'' मैंने कहा - ''ताऊ, पहले तो गाड़ी सड़क से नीचे साइड में लगाओ, फिर नीचे उतरकर मेरे पास आओ; हाथ मिलाओ और हाल-

चाल पूछो; उसके बाद फोटो खींचने के लिये परमिशन लो। अगर परमिशन मिल गयी, तब फोटो खींचना; तुम्हारे कैमरे में आने के लिये हम पसीना नहीं बहा रहे हैं।'' खैर, गाड़ी से उतरना ही उसके बस का नहीं था। हवा इतनी तेज और ठंडी चल रही थी। उसने बड़बड़ाते हुए शीशा चढ़ाया और चलता बना।

पौने दो बजे बारहवें लूप के पास खाने के लिये रुके। यह जगह 4370 मीटर पर थी। खुली जगह भी थी, बैठने का अच्छा इंतज़ाम था। दोनों ने एक-एक पराँठा खाया। इस समय धूप थी। यहीं लेटकर सो गये। कुछ देर बाद गड़गड़ाहट सुनकर आँख खुली। दूर के पहाड़ों पर बारिश हो रही थी। एक घंटे बाद पौने तीन बजे यहाँ से चले।

चार बजे गाटा लूप को ख़त्म किया। लूप भले ही ख़त्म हो गये हों, लेकिन चढ़ाई जारी थी। जैसे-जैसे हम नकी-ला की ओर बढ़ रहे थे, बादल भी घने होते जा रहे थे, बारिश की संभावना भी बढ़ती जा रही थी। रास्ते में टीन का एक शेड मिला, विश्राम के लिये। यह अच्छे समय में ही विश्राम का लाभ दे सकता था, इस तूफ़ान व बारिश के समय में नहीं।

अब हमने टैंट लगाने की जगह ढूँढ़नी शुरू कर दी। सामने से इतनी तेज हवा चल रही थी कि साइकिल चलाना मुश्किल होने लगा। टैंट ऐसी जगह लगेगा, जहाँ हवा न्यूनतम लगती हो और बारिश होने पर पत्थर गिरने व पानी आने की संभावना भी न हो।

आख़िरकार ऐसी जगह मिल गयी, लेकिन मन नहीं माना। सामने वाले मोड़ पर देख लेते हैं, आगे कैसा रास्ता है। गये तो वही चढ़ाई वाला मिला। वापस लौटे। सड़क से थोड़ा नीचे साइकिल उतारी। यहाँ पहले भी कभी टैंट लगाये गये थे, आग जलायी गयी थी व दारू भी पी गयी थी।

व्हिस्की पुल के बाद हमें पानी नहीं मिला था। अब तक आख़िरी घूँट पानी भी ख़त्म हो चुका था। ऐसे में पानी का सर्वोत्तम स्रोत मुझे

मालूम है। एक गाड़ी रुकवायी और एक बोतल पानी मिल गया। रात-भर का काम चल जायेगा।

जैसे ही टैंट लगा, हम सामान सहित इसमें घुसे; बाहर बारिश होने लगी। चार पराँठे अब भी बचे थे। दो अब खाये, दो सुबह खायेंगे।

ज़िंदगी में पहली बार इतनी ऊँचाई पर सो रहा था - 4700 मीटर पर।

आज 37 किलोमीटर साइकिल चलायी। लगभग पूरे दिन मैं और सचिन साथ ही रहे। वह अपना साइकिलिंग का अनुभव सुनाता रहा और मैं ट्रैकिंग का। साँस चढ़ने और मन न लगने से वह भी परेशान था, इसलिये मेरे ट्रैकिंग के अनुभव से जब उसे मालूम हुआ कि ऐसी ऊँचाइयों पर यह होना आम बात है, तो उसने राहत की साँस ली।

नौवाँ दिन - नकी-ला से व्हिस्की नाला

12 जून 2013

सुबह आठ बजे आँख खुली। बाहर कुछ आवाजें सुनायी पड़ीं। ऊपर सड़क पर दो मोटरसाइकिलें व दो कारें रुकी थीं और यात्री हमारे टैंट के पास आकर फोटो खींच रहे थे। हमने कल टैंट बिल्कुल आपातकाल में लगाया था। पीछे 37 किलोमीटर दूर सरचू व आगे 11 किलोमीटर दूर व्हिस्की नाले पर ही आदमियों का निवास था। ऐसे सुनसान वीराने में हमारा यह टैंट आने-जाने वालों के लिये आकर्षण का केंद्र था। ये लोग रोहतक के थे।

मैंने चलने से पहले गूगल मैप से रास्ते की दूरी व ऊँचाइयाँ नोट कर ली थीं, लेकिन नकी-ला की स्थिति लिखने में भूल हो गयी। मैंने

नकी-ला इस मार्ग का तीसरा दर्रा है और जम्मू-कश्मीर के लद्दाख क्षेत्र का पहला दर्रा।

लिखा - गाटा लूप (4600 मीटर) के दो किलोमीटर आगे 4740 मीटर की ऊँचाई पर नकी-ला है। इसके बाद नोट किया - नकी-ला से 19 किलोमीटर आगे 5060 मीटर की ऊँचाई पर लाचुलुंग-ला है। इस डाटा से यह पता नहीं चलता कि नकी-ला पार करने के बाद थोड़ी बहुत उतराई है या सीधे लाचुलुंग-ला की चढ़ाई शुरू हो जाती है।

कल जब हम गाटा लूप ख़त्म होने के बाद तीन किलोमीटर चले आये व नकी-ला नहीं आया तो हमने यही सोचा कि नकी-ला पीछे छूट चुका है व उतराई शुरू नहीं हुई तो इसका यही अर्थ है कि लाचुलुंग-ला की चढ़ाई शुरू हो गयी। जबकि वास्तव में नकी-ला अभी आया ही नहीं था; मैंने गलत डाटा नोट कर लिया था।

पौने दस बजे यहाँ से चले। सामान साइकिलों पर बाँधने व साइकिलें ऊपर सड़क पर चढ़ाने में जान निकल गयी। यह उच्च पर्वतीय बीमारी है। जरा-सा श्रम करने में साँस चढ़ जाती है। सचिन का भी यही हाल था। सड़क पर बैठकर बड़ी देर तक हाँफते रहे और साँसों

को सामान्य करते रहे।

हमेशा की तरह सचिन आगे निकल गया। रास्ता धीरे-धीरे ऊपर की ओर बढ़ता जा रहा था। साइकिल चलाने में मुझे भयंकर परेशानी हो रही थी। हालाँकि सड़क अच्छी बनी थी, चढ़ाई भी ज्यादा तीव्र नहीं थी, फिर भी चार पैडल मारते ही घुटनों की जान निकल जाती। दूसरी परेशानी पानी की थी। चूँकि दोनों दिशाओं में गाड़ियाँ आ-जा रही थीं, लेकिन किसी को रोककर पानी माँगने की हिम्मत नहीं हुई।

जब 4800 मीटर भी पार हो गया, तो इतना पक्का लगने लगा कि नकी-ला पीछे जा चुका है। अब लाचुलुंग-ला यानी 5060 मीटर तक जाकर ही चढ़ाई से पीछा छूटेगा। यह मेरे गलत आँकड़े का फल था। वास्तव में नकी-ला अभी आगे ही था।

जब साइकिल चलाना बस से बाहर हो गया तो नीचे उतर गया व पैदल चलने लगा। परेशानी अब भी हो रही थी, लेकिन अब बार-बार रुकना नहीं पड़ रहा था। धीरे-धीरे खुद घिसटते हुए साइकिल धकेलना पैडल मारने के मुकाबले ज्यादा सुकून भरा था।

कल शाम जब बारिश हुई तो यही सोचा कि हिमालय के ऊँचाई वाले इलाकों में दोपहर बाद मौसम ख़राब हो जाता है, इसलिये बारिश हो रही है। लेकिन जब आज सुबह भी ऐसा ही मौसम देखा तो अपशकुन की आशंका होने लगी। यह हिमालय पार की धरती है, बादल भूल से आ गये व जाने का रास्ता भूल गये। इतना तो पक्का था कि बेचारे ये दुखियारे बादल ज्यादा नहीं बरसेंगे, लेकिन तेज हवाओं ने हालत ख़राब कर रखी थी। दो दिन पहले जब तेज धूप ने हाहाकार मचा रखा था, तो मैंने ऊपर वाले से रहम करने को कहा था। उसने अगले ही दिन बात मान ली... रहम कर दिया। धूप ख़त्म। तब अगर मालूम होता कि उसके पास धूप का विकल्प तेज ठंडी हवाएँ हैं, तो रहम करने को कहता ही नहीं। भाई मेरे, बीच का रास्ता भी तो होता है... बादल भेज दे बेशक, लेकिन तूफ़ान तो मत चला।

एक पतली-सी जलधारा मिली, मानों अमृत मिल गया। पानी पिया, नमकीन खायी, आधे घंटे तक यहीं बैठा रहा। बारह बजे उठकर चला तो फिर से साँस लेने की समस्या आयी। विश्राम करने के बाद भी पैदल घिसटना पड़ा।

नकी-ला; ऊँचाई 4930 मीटर। यहाँ से आगे काफ़ी दूर तक सड़क दिख रही थी। सड़क पहले नीचे उतरी, एक नाला पार किया, फिर ऊपर चढ़ी व दूर एक दर्रे में खो गयी। निःसन्देह वह दर्रा लाचुलुंग-ला है। जहाँ सड़क ने नाला पार किया, वहाँ कुछ तंबू दिख रहे हैं। यह नाला व्हिस्की नाला है। कल भी हमने इस नाले को पीछे पार किया था।

असल में लाचुलुंग-ला से व्हिस्की नाला निकलता है और सरचू के पास नदी में जा मिलता है। लाचुलुंग-ला पार करके ही पांग पहुँचा जा सकता है, इसलिये सड़क का व्हिस्की नाले के साथ-साथ ऊपर बढ़ना ज़रूरी है। लेकिन व्हिस्की नाला बड़ी गहरी खड्ड में बहता है। इसके साथ-साथ सड़क बनाना बड़ा मुश्किल था। आसान तरीका अपनाया गया।

जहाँ गाटा लूप हैं, वहाँ पहाड़ ज्यादा खड़ा नहीं है; तभी तो एक के ऊपर एक इक्कीस लूप बन गये। जितना ऊपर बढ़ते गये, पर्वत ढलान की तीव्रता भी कम होती गयी। गाटा लूप का ही चमत्कार है कि सड़क तो काफ़ी ऊपर चली गयी, लेकिन व्हिस्की नाला नीचे खड्ड में ही बहता रहा। गाटा लूप के बाद भी सड़क ऊँची होती गयी; व्हिस्की नाला उतना ऊपर नहीं जा सका। आख़िरकार नकी-ला से सड़क को नीचे उतरना पड़ा। चार-पाँच किलोमीटर बाद सड़क व नाला दोनों मिल गये।

देखा जाये तो नकी-ला 'नकली-ला' है। ला माने दर्रा। दर्रे की एक पहचान है कि इसके दोनों तरफ ढलान होता है। हालाँकि कभी-कभी इसके अपवाद भी होते हैं; सबसे आसान पहचान है कि इसके दोनों किनारों से अलग-अलग नाले निकलते हैं। ये नाले आगे जाकर

किसी नदी में गिरते हैं या खुद दूसरे नालों से मिलकर नदी बन जाते हैं। लेकिन नकी-ला से कोई नाला नहीं निकलता। इससे अगर नीचे व्हिस्की नाले की तरफ झाँकें तो पायेंगे कि व्हिस्की नाला नकी-ला के दोनों ओर है। सड़क ज्यादा ऊपर चली गयी थी, इसलिए उसे नीचे उतारना पड़ा। अगर ज्यादा परिशुद्धता से काम लिया होता तो शायद नीचे उतारने की आवश्यकता ही न पड़ती। हर चढ़ाई के बाद अगर थोड़ी-बहुत उतराई आए तो उसे दर्रा नहीं कहा जा सकता। नकी-ला 'नकली-ला' है।

यह सड़क कब बनी है, इतना तो पता नहीं, लेकिन बनी आज़ादी के बाद ही है। उससे पहले भी यहाँ से आवागमन होता था, व्यापार होता था। तब पगडंड़ी थी। वह पगडंड़ी आज भी दिखायी देती है। जब हम गाटा लूप पर होते हैं, तो व्हिस्की नाले के दूसरी तरफ़ एक लकीर भी साथ-साथ चढ़ती दिखती है। वह लकीर लाचुलुंग-ला तक दिखती रहती है। ज़ाहिर है पगडंडी वाले ज़माने में न तो गाटा लूप का अस्तित्व था, न नकी-ला का। सड़क बन जाने पर पगडंडी का महत्व ख़त्म हो गया, लेकिन अति न्यून बारिश होने के कारण वह मिटी नहीं। कहीं-कहीं ऊपर से चट्टान खिसकने या मिट्टी गिरने से कुछ दूर तक अदृश्य हो गयी है, लेकिन अस्तित्व है अभी भी उसका।

राहुल सांकृत्यायन ने भी अपनी लद्दाख यात्रा में नकी-ला का कोई ज़िक्र नहीं किया। उस समय मनाली से लेह के बीच चार ही दर्रे हुआ करते थे, अब सड़क बनने पर पाँच हो गये।

नकी-ला के बाद सड़क ख़राब हो गयी, ऊपर से बूँदाबाँदी भी शुरू। इस बूँदाबाँदी में साढ़े चार किलोमीटर नीचे तंबुओं तक साइकिल चलानी पड़ी। सचिन वहीं मिला। तंबू का मालिक लद्दाखी था - सेरिंग सेंदुप। उसने एक छोटे तंबू में हमारी साइकिलें खड़ी करवा दीं, सामान भीगने से बच गया।

मैं पौने एक बजे यहाँ पहुँच गया था। आधे घंटे बाद ही मौसम खुलने के आसार हो गये। सचिन ने ठान लिया कि कैसा भी मौसम हो,

सचिन गाँवकर - जिसने मढ़ी से व्हिस्की नाले की दूरी साथ तय की और इतने दिनों की यात्रा यादगार बना दी।

वो दो बजे यहाँ से चल देगा। मैं इसके लिये तैयार नहीं था। पहला कारण, छह किलोमीटर दूर लाचुलुंग-ला है जो 5060 मीटर ऊँचा है। जब नकी-ला तक जाने में ही हालत ख़राब हो गयी, तो उससे भी ऊपर जाने में और भी बुरी हालत होने वाली है। दूसरा कारण मौसम। बूँदाबाँदी भले ही रुक गयी हो, लेकिन चारों ओर काले बादल थे, हवा भी तूफ़ानी गति से चल रही थी। कभी भी बूँदाबाँदी या बारिश हो सकती थी। 5000 मीटर की ऊँचाई पर भीगने का नतीज़ा मैं अच्छी तरह जानता हूँ। मैं कभी भी दवाइयाँ नहीं लेना चाहता; तो जान-बूझकर ऐसा काम क्यों करूँ, जिससे मुझे दवाइयाँ लेनी पड़ें?

आज यहीं रुकूँगा। कल पांग जाऊँगा। हालाँकि आज मात्र 11 किलोमीटर ही साइकिल चलायी, फिर भी कोई मलाल नहीं था। सचिन आज पांग पहुँच जायेगा। कल जब तक मैं पांग पहुँचूँगा, वो शायद डेबरिंग पहुँच जाये। इस तरह वो मुझसे एक दिन आगे हो जायेगा। अब शायद हम लेह में ही मिलें; या शायद न भी मिलें। इतने दिन से साथ रहते-रहते आज पहली बार मैंने सचिन का फोटो लिया।

दिल्ली जाकर इस फोटो के सहारे सोशल मीडिया पर उसे ढूँढ़ तो लूँगा; अन्यथा कहाँ ढूँढूँगा उसे?

व्हिस्की नाले पर आज मैं ही अकेला यात्री था। सेरिंग ने बताया कि कल पूरा तंबू भरा था। अकेला यात्री होने के बड़े मजे हैं। आप कुर्सी पर बैठकर खाने का हुक्म चलाना छोड़कर सीधे स्टोव के पास पालथी मारकर बैठ सकते हैं, तवे पर खुद रोटी सेंककर खा सकते हैं, थोड़ा-सा हाथ बढ़ाकर कुकर उठाकर दाल ले सकते हैं। आपके बगल में लद्दाखी बैठा है, उससे घर-परिवार से लेकर दीन-दुनिया की बातें कर सकते हैं।

और आख़िर में शुभरात्रि कहकर गद्दों व रजाइयों के ढेर पर ऊट-पटांग तरीक़े से सो भी सकते हैं।

दसवाँ दिन - व्हिस्की नाले से पांग

13 जून 2013

स्थान - व्हिस्की नाला। एक और नाला है - ब्रांडी नाला। कहते हैं यहाँ व्हिस्की व ब्रांडी के ट्रक पलटे थे, तो उन्हीं के नाम पर नाले बन गये। मुझे यह गलत लगता है। इन नामों की खोज ज़रूरी है। पिछले 20-25 सालों से ही यह सड़क अस्तित्व में है। उससे पहले पगडंडी थी। यानी ट्रक अधिकतम 20-25 सालों से ही चल रहे हैं। अब खोज यह करनी है कि क्या पगडंडी वाले जमाने में भी इसे व्हिस्की नाला ही कहते थे? अगर हाँ, तो दो ट्रक पलटने से बच जायेंगे।

सोने में कोई लापरवाही नहीं। शरीर जब भी कहे - उठ जाग मुसाफ़िर भोर भई, तभी उठते हैं। ज़बरदस्ती कभी नहीं। साढ़े आठ बजे आँख खुली। बाहर निकलकर देखा, बादल थे, हवा भी। क्या मानसून आ गया है? चार जून को मानसून ने केरल में दस्तक दे दी थी, जब मैं दिल्ली से चला था। क्या आठ-नौ दिनों में वह हिमालय भी

पार कर गया? मुश्किल लग रहा है। पाँच दिन पहले जब केलांग में था, तो घर पर बात की थी। मानसून उत्तर भारत में नहीं आया था। पाँच दिनों में मानसून का उत्तर भारत पर छा जाना, हिमालय पर आ जाना व हिमालय भी पार कर जाना असंभव है। नहीं, यह मानसून नहीं है, कुछ और ही मामला है।

दस बजे जब यहाँ से चला तो सेरिंग साहब ने चोगलमसर स्थित अपने घर का पता व फोन नंबर दे दिया। उनकी नज़र में मैं ठहरा दिल्ली में 'अफ़सर'। वे भी अपने आठवीं में पढ रहे बेटे को मेरे जैसा बनाना चाहते थे, इसलिये वे मुझे अपने घर पर आमंत्रित कर रहे थे। हालाँकि वे उस समय घर पर नहीं रहेंगे, लेकिन बाकी सदस्य अवश्य रहेंगे। सदस्य मुझे नहीं जानते, ऐसे में उनके घर जाना अटपटा-सा लग रहा है। सदस्यों को मेरे आने की कोई ख़बर भी नहीं होगी। मैं अचानक जाकर कहूँगा - व्हिस्की नाले पर सेरिंग साहब मिले थे, उन्होंने भेजा है। सदस्य शायद हिंदी जानते हों, शायद नहीं जानते हों। नहीं, मैं नहीं जाऊँगा। उनका वहाँ होटल होता तो अलग बात थी, या सेरिंग साहब होते तो भी और बात थी; नहीं जाऊँगा।

व्हिस्की नाला पार करने के लिये छोटा-सा पुल भी बना था। पता नहीं पुल के नीचे पत्थर भर गये थे या पानी ज्यादा आ गया था। पानी पुल के ऊपर से बह रहा था। ज्यादा पानी नहीं था, आराम से साइकिल पर बैठे-बैठे ही पार कर गया।

अभी तक कई नाले पैदल पार करने पड़े। एक बार तो बहाव इतना तेज था कि साइकिल समेत बह जाने का डर लगने लगा था। व्हिस्की नाले पर भी सुनायी पड़ा कि पांग से पहले बड़ा शक्तिशाली नाला है। जब मैं सरचू में था तो देर रात वहाँ एक गाड़ी आयी थी। कह रहे थे कि पांग नाले पर बड़ी देर तक फँसे रहे, बाद में गाड़ी ख़राब भी हो गयी। ऐसा भी एक नाला आने वाला है - यह सोच-सोचकर खून सूखा जा रहा था। आज उस नाले से मुलाकात होने वाली थी।

इसका नाम था - कंगला जल नाला।

लाचुलुंग-ला : 5000 मीटर से ऊँचा पहला दर्रा।

व्हिस्की नाला पुल 4737 मीटर की ऊँचाई पर है। इससे छह किलोमीटर आगे लाचुलुंग-ला है, जो 5060 मीटर पर है। यह 4737 मीटर की ऊँचाई पर सोने का नतीज़ा था कि बिना हाँफे, बिना पैदल चले लाचुलुंग-ला पहुँच गया। रास्ते में जगह-जगह सड़क ठीक करते मज़दूर मिले जो झारखंडी होने के बावजूद 'जुले' कहकर अभिवादन करते थे। मनाली से यहाँ तक जितने भी मज़दूर मिले, सभी झारखंडी ही थे।

लाचुलुंग-ला - मनाली लेह सड़क पर पाँच दर्रों में दूसरा सबसे ऊँचा। मेरे मोबाइल स्थित जी.पी.एस. ने इसकी ऊँचाई बतायी - 5047 मीटर। ज़िंदगी में दूसरी बार 5000 मीटर की महा-ऊँचाई पर चढ़ा। इससे पहले श्रीखंड महादेव गया था जो 5200 मीटर पर स्थित है। यह रिकार्ड़ भी लेह पहुँचते-पहुँचते टूट जायेगा। तंगलंग-ला 5300 मीटर ऊँचा जो है।

लाचुलुंग-ला पहुँचते ही पेट में बड़े जोर का डंका बजा। अविलंब

सफ़ाई करने का आदेश आया। आसपास नज़र दौड़ायी तो एक बोतल पड़ी दिख गयी, पानी भी दिख गया और एक छोटी-सी छुपने की जगह भी। जब बैठा सुकून के क्षणों का आनंद ले रहा था, तो ध्यान आया कि मैं तो लाचुलुंग-ला पर हूँ। दर्रे हमेशा से पूजनीय स्थल रहे हैं। स्थानीय निवासी व व्यापारी, जो प्राचीन काल से इन्हें पार करते आ रहे हैं, मानते हैं कि यहाँ एक देवता बैठा होता है जो हमें दुर्गम स्थानों पर इधर से उधर सुरक्षित पहुँचा देता है। दर्रों पर झंडियाँ व छोटे-छोटे मंदिर आम बात है। मेरे सामने सड़क के उस तरफ भी ऐसा ही एक देवता विराजमान था। यह लद्दाख है, इसलिये कोई बौद्ध देवता ही होगा। एक छोटा-सा मंदिर व चारों ओर प्रार्थना लिखी झंडियाँ ही झंडियाँ। मैं देवता के बिल्कुल सामने गंदगी फैला रहा हूँ, अवश्य वो नाराज़ हो जायेगा। यहाँ से उठकर अच्छी तरह हाथ धोकर देवता के सामने माथा टेकूँगा और कहूँगा - देवता जी, मुझे माफ़ करना, लेकिन बड़ी मज़बूरी थी!

और जब बौद्ध झंडियों से घिरे उस छोटे-से मंदिर के सामने माथा टेकने गया तो खुशी का ठिकाना नहीं रहा - ये तो अपने शिवजी भगवान हैं। माथा ज़रूर टेका, साथ ही शिवजी से कह भी दिया - मित्र, तेरे सामने न सफ़ाई देने की आवश्यकता है, न माफ़ी माँगने की; तू सब जानता है! अपने पड़ोसी से भी कह देना कि बालक अपना ही है, क्रुद्ध न हो।

बारह बजे यहाँ से चला। 22 किलोमीटर दूर पांग तक उतराई है, लेकिन रास्ता बड़ा ख़राब है।

लाचुलुंग-ला से तीन ही किलोमीटर नीचे आया कि तेज बारिश होने लगी। मैंने शीघ्रता करते हुए रेनकोट पहना व बैग को भी रेन कवर पहना दिया। एक विदेशी भी मोटरसाइकिल पर पांग की तरफ जा रहा था। मुझे देखकर बोला - "आर यू ओके?"

मैंने कहा - "या या, ओके। बहुत बढ़िया। थैंक्यू!"

जब ऊपर से नीचे तक मैं वर्षा विरोधी हो गया तो साइकिल पर बैठकर पीछे लाचुलुंग-ला की ओर देखा व कहा - शिवजी, समझा लो अपने पड़ोसी को। यह ठीक नहीं कर रहा। और शिवजी ने अपने लद्दाखी पड़ोसी को पता नहीं क्या समझाया, एक किलोमीटर के अंदर बारिश बंद।

दो बजे कंगला जल पहुँचा। यह 4694 मीटर पर स्थित है। यहाँ लाचुलुंग-ला से आती जलधारा पार करनी होती है। यह बड़े सँकरे स्थान से बहती है व दोनों ओर सीधे खड़े पहाड़ हैं, पुल भी नहीं है। कई झारखंडी मजदूर यहाँ तैनात थे। यही वो स्थान है जिसके बारे में मैं सरचू से सुनता आ रहा था। लेकिन अब इसमें मामूली-सा पानी था, बिना साइकिल से उतरे पार हो गया।

असल में दिन की तेज धूप में जब बर्फ़ पिघलती है तो इन नालों में भी पानी की मात्रा बढ़ती जाती है। आज धूप निकली नहीं, बर्फ़ पिघली नहीं व नाला भी बढ़ा नहीं। मानसून में जब धुआँधार बारिश होती है तो इन नालों की बन आती है। तब इनमें इतना भयंकर बहाव होता है कि ट्रकों तक को बहा ले जा सकते हैं। ऐसे नालों को तब पागल नाला कहा जाता है। मेरी निगाह में अभी तक यह अर्द्ध पागल नाला था। आसानी से पार कर लिया तो बड़ा सुकून मिला।

कंगला जल के पास सीधे खड़े पहाड़ हैं। इनसे होकर सड़क आगे बढ़ती है तो बड़ा हैरतअंगेज लगता है। बार-बार पीछे मुड़-मुड़कर देखता हूँ तो मुँह से यहीं शब्द निकलते हैं - ओ तेरे की!

तीन बजे पांग पहुँचा। सरचू के बाद यही बड़ा पड़ाव है। यहाँ बहुत सारे होटल हैं; ज्यादातर को महिलाएँ देखती हैं। जैसे ही मैं आगे बढ़ता, होटल वाली लद्दाखी महिलाएँ कर्णप्रिय आवाज लगातीं - "सर, यहाँ आ जाओ!" आख़िरकार मुझे रुकना ही था, एक में रुक गया।

अँधेरा होने तक दो जने और आ गये। ये मनाली में टूर संचालक

थे, जो आजकल पर्यटकों से पचासों हजार रुपये लेकर मोटरसाइकिलों पर लेह का चक्कर लगवाते हैं। इनके ग्राहक बराबर वाले तंबू में ठहरे थे।

इनके बाद दो बौद्ध तीर्थयात्री आये। ये स्पीति की पिन घाटी के शगनम गाँव के रहने वाले थे और लेह जा रहे थे। होटल संचालिका ने इनकी शराब से खातिरदारी की। बौद्ध भिक्षु न शराब पी सकते हैं, न माँस खा सकते हैं, जबकि गृहस्थ शराब भी पी सकता है, माँस भी खा सकता है। पूरे हिमालय में शराब तो आम बात है ही, अनाज की कम पैदावार के चलते माँस खाना भी आम है। लद्दाख जैसी जगहों पर तो यह ज़रूरी है। ये दोनों बौद्ध भिक्षु अवश्य थे, लेकिन गृहस्थ भी थे... ज्यादा मुझे पता नहीं।

ये कुल तीन तीर्थयात्री थे; तीसरा बराबर वाले होटल में खा-पी रहा था। इनका कोई खर्चा नहीं खाने का। इसके बाद नाच गाने का दौर शुरू हुआ। वृत्ताकार चक्कर लगाते हुए नृत्य होने लगा। इतने धीरे-धीरे पैर उठाते कि लगता जैसे सो गये। हमने भी करीब घंटे भर तक इसे देखा, फिर सोने चले गये।

ग्यारहवाँ दिन - पांग से शो-कार मोड़

14 जून 2013

सुबह साढ़े सात बजे आँख खुली। दोनों होटल संचालिकाओं ने 'जुले' कहकर नये प्रभात की शुभकामनाएँ दीं। अब मैं 'जुले-जुले' की धरती पर था। प्रत्येक व्यक्ति एक दूसरे को जुले-जुले कहने में लगा था। झारखंडी मज़दूर भी मौका मिलते ही जुले कह देते हैं। विदेशी आते हैं भारत घूमने। हवाई अड्डे पर उतरते ही उन्हें सबसे पहले नमस्ते कहना सीखना होता है। लद्दाख में नमस्ते किसी काम का नहीं; यहाँ जुले का शासन है; सोचते होंगे बड़ा अजीब देश है, हजार किलोमीटर

चले नहीं, अभिवादन का तरीका बदल गया। नमस्ते सीखा था इतनी मेहनत से, एक झटके में बेकार हो गया।

साइकिल पर जब सामान बाँध रहा था तो स्पीति वाले तीर्थ यात्री मिले। उनमें से एक का नाम रणजीत सिंह है। बौद्ध नाम कुछ और है। उनके पिता पंजाबी थे, तो रणजीत नाम रख दिया। गाँव में सभी रणजीत के ही नाम से जानते हैं; सभी कागज-पत्र रणजीत सिंह के नाम से हैं; बौद्ध नाम किसी को नहीं पता। पिन घाटी स्थित अपने गाँव शगनम में ट्रैकिंग कराते हैं। न्यौता दिया कि कभी पिन-पार्वती पास या भाभा पास ट्रैक करना हो, तो अवश्य मिलना। भला नीचे का आदमी पिन-पार्वती या भाभा पास करने पहले शगनम क्यों जायेगा? सभी लोग मणिकर्ण या किन्नौर से ट्रैक शुरू करते हैं व मुद में ख़त्म करते हैं। उल्टा रिवाज कौन शुरू करना चाहेगा?

वैसे ये दोनों ट्रैक पिन घाटी से ही आरंभ करने चाहियें। पिन घाटी में सड़क बनी है, इसलिये चढ़ाई कम चढ़नी पड़ती है और उतराई ज्यादा है।

नौ बजे पांग से चल पड़ा। पांग 4486 मीटर की ऊँचाई पर स्थित है। आज का लक्ष्य 52 किलोमीटर दूर 4800 मीटर की ऊँचाई पर स्थित डेबरिंग पहुँच जाने का था, ताकि कल तंगलंग-ला पार कर सकूँ।

पांग से चला तो चलते ही चढ़ाई का सामना करना पड़ा। लेकिन गूगल मैप का अध्ययन कह रहा था कि बस यही थोड़ी-सी चढ़ाई है; उसके बाद मोरे का समतल मैदान आने वाला है। यह थोड़ी-सी चढ़ाई भी पाँच किलोमीटर तक खिंच गयी व डेढ़ घंटा तथा काफ़ी सारी ऊर्जा भी ले गयी। इस पर चढ़कर जब 4745 मीटर पर पहुँचा और सामने लंबा मैदान व सीधी सड़क दिखी तो पैर पैडल मारने को तथा हाथ गियर-अनुपात बढ़ाने को कुलबुलाने लगे।

यह मोरे मैदान था, जो चौड़ाई में तो ज्यादा नहीं, लेकिन लंबाई

लगभग 4700 मीटर की ऊँचाई पर स्थित मोरे मैदान असल में एक सूखी नदी का चौड़ा पाट है।

में 60 किलोमीटर दूर तंगलंग-ला के नीचे तक फैला है। डेबरिंग तक तो सड़क भी इसी मैदान में है। उसके बाद सड़क तंगलंग-ला पार करने ऊपर चढ़ने लगती है, मैदान नीचे रह जाता है।

इस मैदान के एक तरफ पांग है, दूसरी तरफ तंगलंग-ला। पांग 4486 मीटर की ऊँचाई पर है, तंगलंग-ला 5300 मीटर पर। ज़ाहिर है कि मैदान का ढाल पांग की तरफ़ होना चाहिये, लेकिन आश्चर्यजनक रूप से ढलान तंगलंग-ला की तरफ है। यह ढलान शो-कार मोड़ तक ही रहता है, उसके बाद यही मैदान चढ़ाई वाला होने लगता है।

असल में मोरे मैदान एक बरसाती नदी का आधे से दो किलोमीटर चौड़ा पाट है। लद्दाख में चूँकि बरसात नहीं होती, फिर भी कुदरत ने जल निकासी का प्रबंध कर रखा है। पूरा रास्ता इस मैदान के बायें किनारे पर ही रहता है, कभी भी इसे पार नहीं करता। पांग के ऊपर जहाँ से यह शुरू हुआ है, इसकी ऊँचाई 4745 मीटर है। 36

किलोमीटर दूर शो-कार मोड़ पर सड़क 4627 मीटर पर है। इसके बाद मामूली-सी चढ़ाई शुरू हो जाती है। 8 किलोमीटर आगे डेबरिंग 4800 मीटर पर है, उसके बाद तंगलंग-ला। बाद में मैं शो-कार भी गया था, जो 4530 मीटर पर है। शो-कार (Tso Kar) एक झील है, जो मनाली-लेह सड़क से 20 किलोमीटर हटकर है।

इन तथ्यों से एक बात स्पष्ट है कि एक नदी पांग की तरफ से आती है, दूसरी तंगलंग-ला से। डेबरिंग के पास दोनों का संगम हो जाता है व शो-कार झील में जा मिलती हैं। हाँ, यह बात अलग है कि दोनों बरसाती नदियाँ हैं और यहाँ बरसात दुर्लभ है। पानी न होने से नदियाँ सूखी ही रहती हैं व मैदान जैसी लगती हैं।

ढलान हो और सड़क शानदार बनी हो व सीधी भी हो, तो साइकिल अधिकतम स्पीड से चलनी ही चलनी है। जगह-जगह पुल आते; सड़क की एकरूपता भंग होती तो ब्रेक लगाने पड़ते।

शो-कार मोड़ से करीब 15 किलोमीटर पहले ख़राब सड़क शुरू हो गयी। वैसे तो ज्यादा ख़राब भी नहीं थी, गड्ढ़े भी नहीं थे, पर्याप्त चौड़ी यानी टू-लेन थी, लेकिन इन सबके बावजूद कंकड़ बहुत ज्यादा थे। नई बनने की तैयारी हो रही थी, बस तारकोल बिछने की देर थी। कंकड़-युक्त सड़क पर साइकिल ज्यादा तेज नहीं चलायी जा सकती, पंचर होने का डर होता है।

एक ब्रिटिश साइकिलिस्ट मिला; साथ में मामूली-सा सामान। उसने पूछा - "हाय! हाऊ आर यू?" मुझसे कोई पूछे, हाऊ आर यू - कैसे हो? - तो मेरे मुँह से एक ही शब्द निकलता है - "मस्त।" यहाँ भी अपनी मस्ती दर्शा दी। उसने कुछ और भी पूछा, लेकिन जिसे शिष्यों की ही भाषा समझ नहीं आती, वो गुरु की बात कैसे समझ सकता है? वो ब्रिटिश था; उसकी फ़र-फ़र अंग्रेजी मैं तब समझूँगा, जब पहले भारतीय अंग्रेजी समझ सकूँ। खैर, वो आगे निकल गया।

आगे चलकर देखा, उसकी साइकिल सड़क किनारे पड़ी है,

खुद गायब है, यह शो-कार मोड़ से कुछ पहले की बात है। यहाँ बहुत बड़ा मैदान है, सड़क कुछ ऊपर है। महाराज अवश्य नीचे पानी किनारे गया होगा। क्यों गया होगा, यह कहने की आवश्यकता नहीं।

हरियाणा की एक कार खड़ी मिली। बोनट खुला हुआ। पता चला कार गर्म हो गयी है, कूलैंट भी पर्याप्त है। कुल चार जने, हिसार के थे। हमारी बात होने लगी। तभी वो अंग्रेज पीछे से आया। मेरा तो उसे पता चल ही चुका था कि अंग्रेजी में ठप है; इस बार उसने कार वालों से संवाद शुरू किया - "हे, हाऊ आर यू?" कारवाले, तीन अंदर बैठे थे, एक बाहर टहल रहा था। 'हाऊ आर यू' विशेषकर बाहर वाले से पूछा गया था, उसने सुनकर मुझसे पूछा - "भाई, के कहै यो?"

मैंने कहा - "न्यू कहदे बेरा ना।"

पट्ठे ने "बेरा ना" ही कह दिया। इसके बाद बोनट खुला देखकर शायद कार के बारे में पूछने लगा। मैंने फिर "बेरा ना" का इशारा कर दिया तो उसने दोहरा दिया - "भाई, कोन्या बेरा हमनै; अंगरेजी जाणते तो यहाँ बोनट खोलकै खड़े होत्ते?"

सवा दो बजे शो-कार मोड़ पहुँचा। यहाँ दो-तीन तंबू मिले। मुझे यहाँ तंबू मिलने की उम्मीद नहीं थी। पांग से आलू के दो पराँठे पैक कराकर लाया था। कोल्ड-ड्रिंक के साथ पराँठे निपटा दिये। सोचा आठ किलोमीटर आगे डेबरिंग है, घंटे भर में पहुँच जाऊँगा। उसके बाद आगे तो बढ़ूँगा नहीं, इससे अच्छा है शो-कार झील देख आऊँ।

सारा सामान उतारकर यहीं रख दिया। पानी की बोतल, रेनकोट व साइकिल के पंचर का सामान साथ लेकर मैं चार बजे झील देखने चल पड़ा। वापस लौटकर यहीं पर रात रुक जाऊँगा।

एक मिनी बस भी खड़ी थी। चाय-वाय पी रहे थे यात्री। लेह जा रहे थे। बस में बैठे एक यात्री ने मुझसे पूछा - "बेटे, तुम यहीं के रहने वाले हो क्या?"

मैंने कहा - "नहीं जी, आपकी ही तरह हूँ, घूमने आया हूँ।"

बोले - "पहले कभी लद्दाख आये हो?"

"हाँ जी, आया हूँ।"

"तो यह बताओ कि आगे पेड़ कहाँ मिलेंगे? ऑक्सीजन की बड़ी समस्या है; खुद तो देखा जाये, लेकिन बच्चों की समस्या नहीं देखी जाती।"

"हवा की कमी पेड़ न होने की वजह से नहीं है, यह अत्यधिक ऊँचाई की वजह से है; आप अभी 4700 मीटर पर हो। यहाँ से आगे चढ़ाई शुरू हो जायेगी। 5300 मीटर ऊँचे तंगलंग-ला को पार करके आप नीचे उतरना शुरू हो जाओगे व 3400 मीटर पर लेह पहुँचोगे; लेह पहुँचने पर आपको साँस लेने में बहुत आसानी रहेगी। और हाँ, लेह में थोड़ी-बहुत हरियाली भी मिल जायेगी।"

उन्होंने बड़ी देर तक धन्यवाद कहा। वास्तव में दारचा से उप्शी तक जब आप 4000 मीटर से ऊपर रहते हैं, साँस की समस्या आती ही है, लेकिन यह उतनी बड़ी समस्या नहीं है कि साँस ही रुक जाये; केवल साँस चढ़ती भर है। जिन्हें साँस की बीमारी है, उनके लिये ज्यादा परेशानी हो सकती है; इसलिये बस वाले व टूर कंपनियाँ यहाँ अपने साथ ऑक्सीजन सिलेंडर रखते हैं। यदि आप बस या टैक्सी से इस मार्ग पर यात्रा कर रहे हैं, तो ऑक्सीजन सिलेंडर अवश्य रखवायें। क्या पता कब किसे आवश्यकता पड़ जाये? बच्चों व बुज़ुर्गों व मरीजों का विशेष ध्यान रखना होता है।

शो-कार (Tso Kar) झील

शाम चार बजे शो-कार के लिये चल पड़ा। पहले तो मामूली-सी चढ़ाई है, उसके बाद मामूली ढलान। 16 किलोमीटर तक यही ढलान पैडल नहीं मारने देता। सिंगल सड़क है और कोई आवागमन नहीं।

झील काफ़ी दूर से ही दिखने लगती है, लेकिन नज़दीकी मानव बस्ती थुक्जे गोम्पा 16 किलोमीटर दूर है। यहाँ से भी करीब चार किलोमीटर और आगे चलकर झील के नज़दीक तक पहुँचा जा सकता है।

जब मैं थुक्जे से करीब 7-8 किलोमीटर पहले था, तो सामने बहुत दूर से चार मोटरसाइकिल वाले आ रहे थे। सड़क पर मामूली ढलान अवश्य था, लेकिन यह पहाड़ी सड़क नहीं थी। झील क्षेत्र काफ़ी विशाल था। पानी एक कोने में ही था, बाकी क्षेत्र, विशाल खाली मैदान ही था। 7-8 किलोमीटर दूर से ही थुक्जे दिख रहा था।

तो मोटरसाइकिल वाले आ रहे थे। उनसे करीब 100 मीटर दूर सड़क से हटकर चार-पाँच जानवर भी बड़ी तेजी से दौड़ लगा रहे थे। काफ़ी दूरी होने से जानवर पहचान में नहीं आ रहे थे। वे मोटरसाइकिलों के साथ-साथ भाग रहे थे, तो ज़ाहिर है कि मेरी तरफ़ ही आ रहे थे। मुझे लगा कुत्ते हैं। लद्दाखी कुत्ते कुछ बड़े होते हैं। पता नहीं मुझसे क्या ख़ता हो गयी कि वे मेरी तरफ दौड़े आ रहे हैं। मैं बुरी तरह डर गया।

और पास आये तो देखा कि गधे थे। लद्दाखी जंगली गधे, यानी क्यांग। असल में यह झील क्षेत्र काफ़ी बड़ा मैदान है; घास पानी भी प्रचुर मात्रा में है तो यह इन गधों का निवास बन गया है। ये गधे मोटरसाइकिलों से डरे हुए थे। इनकी समझ में नहीं आ रहा था कि क्या करें, सिवाय इसके कि चलती मोटरसाइकिलों के आगे-आगे ही भागा जाये।

और मैं इनसे डर गया - गधों से।

सवा घंटे में थुक्जे पहुँच गया। ऊपर पहाड़ी पर गोम्पा बना है। गाँव बिल्कुल उजाड़ व गंदा है। घरों की छतों पर भेड़ की खाल सूखने के लिये पड़ी रहती है। गाँव पार करके दो बड़े-बड़े तंबू मिले। एक के सामने चार-पाँच सम्भ्रांत व्यक्ति बैठे थे। मैं भी यहीं रुक गया व चाय

क्यांग जंगली भले ही हों, लेकिन आदमी से दूर ही रहते हैं।

की फ़रमाइश कर दी।

उस समय तक मनाली-लेह सड़क, मात्र एक सड़क नहीं थी, बल्कि एक सीमा रेखा भी थी। लद्दाख क्षेत्र में आप स्वेच्छा से इस सड़क के पूर्व में नहीं जा सकते, क्योंकि पूर्व दिशा में चीन की सीमा है; भले ही बहुत दूर हो। इस सड़क में से पूर्व की ओर कई रास्ते गये हैं - लेह में खारदूंग-ला की तरफ नुब्रा रोड, कारू में चांग-ला की तरफ पेंगोंग रोड़, उप्शी में चांगथांग रोड व यह शो-कार वाली रोड - ये चार सड़कें मुख्य हैं। तब इन चारों सड़कों पर जाने के लिये लेह से परमिट लेना आवश्यक था। शो-कार वाली सड़क का चेक-पोस्ट यहीं थुक्जे में था, यानी इस सड़क पर आप 16 किलोमीटर तक ही बिना परमिट के जा सकते थे। आगे यह सड़क चांगथांग व शो-मोरीरी चली जाती है, लेकिन अगर आपको केवल शो-कार ही देखनी है तो तीन-चार किलोमीटर आगे तक भी बिना परमिट के जा सकते थे। मुझे केवल यही झील देखनी थी, इसलिये आगे जाने दिया गया।

थुक्जा गाँव से करीब चार किलोमीटर आगे निकल आया। झील छोटी-सी है और खारे पानी की है। यह इसी से पता चलता है कि गाँव से निकलते ही मिट्टी में रेह मिलने लगती है। झील के नज़दीक जायें तो पूरी मिट्टी ही सफेद है, यानी नमकयुक्त है। असल में पूरे डेबरिंग क्षेत्र का सारा पानी, यानी पांग से लेकर तंगलंग-ला तक और उधर पोलोकोंगका-ला तक का सारा पानी इसी झील में इकट्ठा होता है। निकासी कहीं नहीं है, इसलिये यह नमकीन होता चला गया। पहले इस नमक का बड़ा प्रयोग होता था; लद्दाख में यहीं से नमक की आपूर्ति होती थी। अब सड़क मार्ग खुल जाने से सब बंद है। इसके अलावा कुछ पक्षी भी कलरव करते दिखायी दिये।

वैसे तो अब चांगथांग का बहुत बड़ा भू-भाग मेरे लिये खुला था; चेकपोस्ट पार कर ही चुका था; लेकिन बिना परमिट के जाना ठीक नहीं। चीन की सीमा यहाँ से ज्यादा दूर नहीं थी, इसलिये परमिट लेना पड़ता था।

पंद्रह बीस मिनट रुककर वापस चल पड़ा। वापसी उतनी आसान नहीं थी। आते समय जो मामूली ढलान था, वही अब मामूली चढ़ाई बन गया। रास्ते में गधों का - क्यांगों का - पूरा झुंड मिला, लेकिन मेरे नज़दीक आने पर दूर भाग गये।

आसमान में बादल थे, इसलिये अत्यधिक ठंड थी। साढ़े सात बजे जब ठिकाने पर पहुँचा तो ठंड से काँप रहा था। भोजन से निवृत्त होकर जब रजाई में घुसा, तब भी काँप रहा था। इस स्थान की ऊँचाई 4630 मीटर है। पहले इससे भी ऊँची जगहों पर सो चुका था, वहाँ ठंड नहीं लगी थी; आज पता नहीं क्या बात थी कि ठंड लग रही थी।

बारहवाँ दिन - शो-कार मोड़ से तंगलंग-ला

15 जून 2013

साढ़े सात बजे आँख खुली। ध्यान दिया कि तंबू चू रहा है, वो भी कई जगहों से। कुछ बूंदें तो मेरे बिस्तर पर भी गिर रही थीं। जब तंबू के ऊपर रेन कवर नहीं लगायेंगे, तो ऐसा ही होगा। अचानक यह सोचकर झुरझुरी दौड़ गयी कि बारिश हो रही है।

बाहर निकला तो कुदरत बारिश से भी ज्यादा ख़तरनाक खेल खेल रही थी। बर्फ़ पड़ रही थी। अभी तंगलंग-ला पार करना बाकी था। यहाँ 4630 मीटर की ऊँचाई पर ही बर्फ़बारी हो रही है, तो 5300 मीटर ऊँचे तंगलंग-ला पर क्या हो रहा होगा, इसका अन्दाज़ा था मुझे।

बर्फ़बारी के बीच निकल पड़ूँ या यहीं रुका रहूँ - यह प्रश्न मन में था। मन ने कहा कि यहीं रुका रह, बर्फ़बारी जब बंद हो जायेगी तो आठ किलोमीटर आगे डेबरिंग चले जाना; बाकी दूरी कल पूरी कर लेना... बर्फ़बारी में निकलना ठीक नहीं।

तभी मन के एक कोने में से दबी-सी आवाज निकली - अभी निकल पड़। क्यों निकलूँ अभी? एक तो बर्फ़ इतनी ज्यादा नहीं है कि चला ही नहीं जायेगा; सामने देख, ज़मीन पर नाम भी नहीं है बर्फ़ का, थोड़ी-बहुत किसी कठोर चीज पर ही जमी है, बस। दूसरे, हवा नहीं चल रही है। हवा चली होती तो बर्फ़ीली हवा शरीर को अंदर तक बेध देती। तीसरी और सबसे महत्वपूर्ण बात कि पता नहीं कब तक ऐसा मौसम रहे। अगर दो-तीन दिन और ऐसा ही रहा तो तंगलंग-ला बंद हो जायेगा; इस समय तेरा परम कर्तव्य है कि शीघ्रातिशीघ्र जैसे भी हो, तंगलंग-ला पार कर ले।

यह तीसरी बात माननी पड़ी। यात्रा शुरू करने से पहले ही तंगलंग-ला का खौफ़ था। अगर आज मैं रुक गया तो तंगलंग-ला हावी

हो जायेगा, वो कल और ज्यादा मनमानी करेगा। ठीक है कि उसके आगे मेरी कोई हैसियत नहीं, लेकिन मैं भी उसके सामने डटकर दिखा दूँगा कि तू कुछ है, तो मैं भी कुछ हूँ। चल नीरज, तूने चार दर्रे पार कर लिये, पाँचवें को भी पार कर।

पर्याप्त गरम कपड़े पहनकर, ऊपर से रेनकोट पहन लिया और पौने दस बजे यह स्थान छोड़ दिया। सड़क ख़राब तो थी ही, लेकिन कुछ दूर तक मोरे मैदान का ही हिस्सा थी, इसलिये ठीकठाक स्पीड पर साइकिल चली। यहाँ से तंगलंग-ला 25 किलोमीटर दूर है।

कुछ आगे चला तो दूर से एक तंबू से एक तगड़ा कुत्ता भौंकता हुआ आने लगा। जब वो सड़क पर आ गया तो मैं रुक गया। वो भी वहीं रुक गया। मैंने आगे बढ़ने की कोशिश की तो वो भी आगे बढ़ने लगा। भौंकता रहा। मैं पुनः रुक गया। अच्छा हुआ कि उसकी भौंक सुनकर दूसरे कुत्ते नहीं आये। तभी उस तंबू से एक मोटी महिला बाहर निकली; हाँफती हुई दौड़ती हुई कुत्ते के पास आयी व पत्थर मारकर भगा दिया।

असल में मोरे मैदान एक विशाल चरागाह भी है। इसमें कोई गाँव बस्ती तो है नहीं, लेकिन घुमंतू भेड़-पालक व याक-पालक अपनी 'प्रजा' के साथ डेरा डाले रहते हैं। इनके घर अस्थायी तंबू होते हैं। पूरी 'प्रजा' की सुरक्षा की जिम्मेदारी वफ़ादार कुत्तों पर होती है। ये बड़े-बड़े लद्दाखी कुत्ते तेंदुए तक से भिड़ जाते हैं। आमतौर पर ये कुत्ते आदमी को कुछ नहीं कहते। रास्ता चौबीस घंटे चलता-फिरता है; इन्हें कोई मतलब नहीं होता कि कौन आ रहा है, कौन जा रहा है। आज बर्फ़ पड़ रही थी। भेड़-पालक तंबुओं में ही बंद थे, तो यह कुत्ता शायद बोर हो गया होगा। मुझे देखकर सोचा होगा कि सुबह से खाली पड़ा हूँ, चल थोड़ा-सा भौंक आऊँ।

सिर पर जो रेनकवर था, वो इतना बेशर्म था कि सिर घुमाने पर भी नहीं घूमता था। इधर-उधर देखने के लिये पहले साइकिल रोकनी पड़ती, फिर पूरा शरीर घुमाना पड़ता, तब जाकर इधर-उधर के दृश्य

दिखते। यह था डेबरिंग न पहुँचने का पहला कारण। दूसरा कारण, अगर मुझे डेबरिंग के तंबू दिखे भी होंगे तो उन्हें भेड़-पालकों के तंबू समझ लिया होगा। पुनः कोई कुत्ता न आ जाये, और ज्यादा जोर से पैडल मारकर खिसक गया होऊँगा। मुझे पता ही नहीं चला कि कब डेबरिंग निकल गया।

डेबरिंग मेरे लिये बहुत ज़रूरी था। मैं सुबह दो पराँठे खाकर चला था। दूरी आठ किलोमीटर थी, तो डेढ़ दो घंटे में डेबरिंग पहुँच जाना था। वहाँ मौसम को देखकर या तो रुकना था, या और पराँठे खाकर व पैक कराकर ले चलना था। चाय भी पीनी थी। डेबरिंग के निकल जाने का पता ही नहीं चला; पता भी तब चला, जब बहुत आगे निकल चुका था।

बी.आर.ओ. के एक पड़ाव पर एक मज़दूर से पूछा कि डेबरिंग कितना दूर है? एक तो इन मज़दूरों के चेहरे पर कोई भाव नहीं होता; न आँखों में चमक, न चेहरे पर मुस्कान, न उदासी, न खुशी... कोई भाव नहीं, बिल्कुल भावहीन। ऐसे लोगों को मुर्दा कहा जाता है। उसने इसी मुर्दाभाव से जवाब दिया - "डेबरिंग तो पीछे छूट गया।" उधर मैं सुनना चाह रहा था - डेबरिंग आगे इतना दूर है। जब मैंने मुर्दाभाव-युक्त यह नकारात्मक उत्तर सुना तो अनसुना कर दिया व आगे बढ़ गया।

तंगलंग-ला की चढ़ाई कभी की शुरू हो चुकी थी। एक समय ऐसा आया कि पैडल मारना मुश्किल होने लगा। तब पैदल चलना पड़ा, साइकिल खींचते हुए। यह उच्च-पर्वतीय बीमारी थी। अब हवा की शांति भी ख़त्म हो चुकी थी। बड़े जोर का तूफ़ान चलने लगा। उसके साथ कभी बर्फ़ फाहों के रूप में गिरती, कभी बजरी के रूप में। बजरी गोली की गति से आती व कपड़ों पर टकराती, चेहरे पर भी। दोनों हाथों की उँगलियाँ अत्यधिक ठंडी हो गयीं। चूँकि मैंने जूते नहीं पहने थे, इसलिये चप्पल के साथ जुराबें भी पहन लीं। शुरू में पैरों की उँगलियाँ भी ठंडी पड़ीं, लेकिन पैरों के लगातार गतिमान होने के

मार्ग के सबसे ऊँचे दर्रे तंगलंग-ला के रास्ते में अगर बर्फबारी होने लगे तो साइकिलिस्टों का भगवान ही मालिक है।

कारण उनमें गर्मी बनी रही।

दो बजे, जब जोरों से बजरी गिर रही थी, तो बी.आर.ओ. के एक तंबू में घुसा। एक तो काला तंबू, फिर अंदर अँधेरा; काले स्लीपिंग बैग व काले ही मज़दूर। शुरू में लगा, खाली अँधेरे कमरे में घुस गया हूँ। धीरे-धीरे आँखें अभ्यस्त हुईं। देखा, स्लीपिंग बैगों में मज़दूर घुसे पड़े हैं। अनवरत बातों का सिलसिला चल रहा है। ताश भी खेल रहे हैं। मैंने उनसे कहा - "थोड़ी देर आराम करूँगा, उसके बाद चला जाऊँगा।"

भूख भयंकर लग रही थी। सुबह दो पराँठे ही तो खाये थे; वैसे तो बैग में सूखे मेवे और नमकीन भी रखे थे, लेकिन यहाँ मजदूरों के सामने बैठकर अकेले कैसे खा सकता था!

चलते समय उनसे पूछा - "तंगलंग-ला अभी कितना दूर है?"

बोले - "बहुत दूर है।"

"फिर भी?"

"पच्चीस-तीस किलोमीटर।"

यह सुनकर मुझे बड़ी हँसी आयी। पिछले चार घंटों से लगातार चल रहा हूँ; उस समय पच्चीस किलोमीटर था - यह पक्का है। कम से कम पंद्रह किलोमीटर चल ही लिया होऊँगा; अब दस किलोमीटर से ज्यादा नहीं है किसी भी हालत में।

पुनः तूफ़ान में चल पड़ा। एक जानकारी मिली कि आगे भी बी.आर.ओ. के तंबू लगे हैं। सोच लिया कि अगर आगे बढ़ना मुश्किल हो जायेगा, तो अगले तंबुओं में रात रुक जाऊँगा।

सामने से एक गाड़ी आकर रुकी। अकेला ड्राइवर ही था। धिक्कारने लगा कि ऐसे मौसम में ज्यादा साहसी मत बन, किसी ट्रक पर साइकिल लाद व तंगलंग-ला पार कर ले; साथ ही यह भी कहा कि यहाँ इतनी तेज हवा चल रही है, तंगलंग-ला पर तो और भी तेज है, उड़ जायेगा।

उसके जाने के बाद सोचा कि कह तो ठीक ही रहा है। मैं अभी तक खुद को घसीट ही रहा था, चल नहीं रहा था। हवा की बहुत कमी महसूस हो रही थी; हो भी क्यों न, 5000 मीटर की ऊँचाई कोई हँसी-मज़ाक थोड़े ही है! चार कदम चलता, रुक जाता। ऊपर से बर्फ़ीली हवा। दस्ताने पहने होने के बावजूद हाथों की सभी उँगलियाँ सुन्न हो चुकी थीं। एक ऐसी जगह पर रुक गया, जहाँ हवा कम लग रही थी। किसी ट्रक में साइकिल चढ़ाऊँगा व तंगलंग-ला पार करके रूमसे तक पहुँचूँगा। दो-ढाई बजे थे। साइकिल से सामान भी खोल दिया, ताकि ट्रक को एक तो ज्यादा देर रुकना न पड़े, दूसरे साइकिल चढ़ाने में मेहनत भी कम करनी पड़े।

सबसे पहले सेना का ट्रक आया। हाथ दिया तो रोक लिया। मैंने अपनी समस्या बतायी। बोले कि पीछे बहुत सारे ट्रक आ रहे हैं, उनमें रख लेना, और आगे बढ़ गया। मेरी पहली कोशिश नाकाम हो गयी।

सोचने लगा वे किसी 'सिविलियन' की सहायता क्यों करने लगे! वे ठहरे देश के रक्षक, सीमाओं पर लड़ने वाले... एक सिविलियन से कैसी बराबरी? सिविलियनों की सहायता तो वे तब करते हैं, जब ऊपर से सहायता करने के आदेश आते हैं - बाढ़ सेवा, भूकंप सेवा में...। इसी तरह एक फौजी का आतंक मैंने एक बार ऊधमपुर स्टेशन पर देखा था। टिकट लेने वालों की लंबी लाइन लगी थी। फौजी को भी टिकट लेना था। एक ही खिड़की। वो भला कैसे सिविलियनों के साथ लाइन में लग सकता था? सीधा खिड़की पर पहुँचा; वर्दी में था। क्लर्क ने टिकट देने से मना कर दिया। कहा, लाइन में लगो। बस, सुनते ही फट पड़ा। गाली-गलौच व हाथापाई। मैं फौजी हूँ, साला हम बॉर्डर पर जाकर दुश्मन से लड़ें, गोलियाँ खायें और यहाँ सिविलियनों के साथ लाइन में खड़े हों...। बहुत उत्पात मचाया उसने। क्लर्क का रोज पाला पड़ता होगा ऐसे लोगों से; टिकट नहीं दिया।

इसके बाद दो ट्रक आये। हाथ दिया तो रुक गये। मना कर दिया, बोले "जगह नहीं है।" मैंने कहा "केबिन के ऊपर छत खाली है व रेलिंग भी लगी है।" बोले, "तो चढ़ा लो।" मैंने कहा, "अकेला तो नहीं चढ़ा पाऊँगा, आप थोड़ी सहायता कर दो।" बोले "इस बर्फ़ीले तूफ़ान में सहायता!" वे भी चले गये।

फिर तीन टैंकर आये। इनमें भी रेलिंग होती है व ऊपर चढ़ने को सीढ़ियाँ भी। हाथ दिया। मना करते हुए निकल गये।

इनके बाद और ट्रक भी आयेंगे, उनमें भले मानुस भी होंगे, लेकिन मेरा धैर्य ख़त्म हो चुका था। पुनः सामान बाँधा और चल पड़ा। और हाँ, इन सभी ट्रक व टैंकर वालों को श्राप दिया कि जाओ, तुम्हारे अगले पहिये में पंचर हो जाये; पता नहीं श्राप फलीभूत हुआ या नहीं।

बर्फ़ ज्यादा तो नहीं थी, लेकिन उसकी वजह से सड़क पर कीचड़ हो गया था। चप्पल व जुराबें मैंने पहन रखी थीं, बहुत परेशानी हुई।

आख़िरकार मजदूरों के तंबू मिले। जान में जान आयी। ऊँचाई 5130 मीटर। यानी तंगलंग-ला चार किलोमीटर से ज्यादा नहीं। अगर मुझे भोजन मिल गया होता तो मैं आज ही इसे पार कर सकता था। भूख, ऊँचाई, चढ़ाई, तूफ़ान - इन सभी ने मिलकर शरीर को शक्तिहीन बना दिया था। फैसला कर लिया कि यहीं रुकूँगा। एक तंबू में घुस गया। सभी झारखंडी मजदूर। आँखें अभ्यस्त हुईं तो देखा, पैर रखने की भी जगह नहीं। सभी स्लीपिंग बैगों में घुसे पड़े हुए। फिर भी उन्होंने कहा सामान ले आओ, जगह बन जायेगी। मैंने पूछा, कोई स्लीपिंग बैग फालतू है क्या? बोले, नहीं है। एक ने कहा मेरे बैग में आ जाना। मैं सामान ले आया। टैंट बाहर साइकिल पर ही बँधा रहने दिया। स्लीपिंग बैग था मेरे पास; अगर उनके पास फालतू बैग होता तो मैं अपने वाले को खोलने से बच जाता। लोग इधर-उधर हुए, मेरे लायक जगह बन गयी।

जब मैंने अपना स्लीपिंग बैग खोला तो हँसने लगे। इतना नरम, इतना नाजुक, इतने छोटे-से पैकेट में आ सकने वाला बैग भला क्या ठंड रोकेगा? वे ठहरे रूई के फौजी बैगों में सोने वाले; तह करें तो रजाई से कम जगह न घेरे। सलाह देने लगे कि इतनी ठंड में यह बैग काम ही नहीं करेगा, हमारे किसी के बैग में सो जाओ। मैंने कहा, अगर किसी को भी मेरे बैग पर शक है, तो मुझसे अदला-बदली करके आजमा ले, अगर गर्मी न लगने लगे तो कहना।

चूँकि मैं भूखा था व यहाँ खाना भी मिल सकता था, लेकिन मैंने नहीं खाया। कारण है कि खाने के पैसे इनकी मजदूरी में से कटते हैं। यहाँ खाना बहुत महँगा है, इसलिये बहुत पैसे कटते हैं। मुझे लेटने को जगह मिल रही है, इतना ही काफ़ी है।

खाने के लिये मैंने काजू, किशमिश व नमकीन निकाल लिये। अपने पास जगह की तंगी के कारण बराबर वाले के स्लीपिंग बैग पर रख दिये। आधा पैकेट काजू का था, मैंने कहा सभी को बाँट दो। वो सबको बाँट दिया गया। मैं नमकीन खाने लगा, पानी पीने लगा। तभी

बराबर वाले ने किशमिश का पैकेट उठाकर अपने बैग के अंदर रख लिया। नमकीन खाकर जब मैंने पैकेट माँगा तो बोला, कौन सा पैकेट? मैंने कहा किशमिश का। बोला, वो तो बँट गया। मैंने कहा, मुझे बेवकूफ मत बना, निकाल अंदर से। तब उसने बैग के अंदर से निकालकर दिया।

यहाँ सबसे बड़ा ख़तरा चोरी होने का था। सभी चोर थे। मैदान से आये थे। मेरे पास सीमित सामान था। एक भी चोरी हो जाने पर आगे की यात्रा पर इसका असर पड़ सकता था। मोबाइल व कैमरा तो अपने साथ स्लीपिंग बैग में ही रखे, बाकी सिर के नीचे रख लिये। बाहर साइकिल व टैंट थे। सभी ने सलाह दी कि इन्हें भी तंबू के अंदर कर लो, लद्दाखी चरवाहे उन्हें उठाकर ले जा सकते हैं। मैंने कहा, वे कुछ नहीं ले जायेंगे; वे पहाड़वासी हैं, उन्हें चोरी करना नहीं आता।

ज़िंदगी में पहली बार इतनी ऊँचाई पर सो रहा था - 5130 मीटर की ऊँचाई पर।... आप जो इसे पढ़ रहे हैं; 90 प्रतिशत लोग इतनी ऊँचाई तक गये भी नहीं होंगे।

तेरहवाँ दिन - तंगलंग-ला से उप्शी

16 जून 2013

सात बजे आवाजें सुनकर आँख खुली। थोड़े-से खुले दरवाजे से बाहर निगाह गयी तो बर्फ़ दिखायी दी। यानी रात बर्फ़ पड़ी है। मजदूरों ने बढ़ा-चढ़ाकर बताया कि बहुत ज्यादा बर्फ़ गिरी है। मैंने बाहर निकलकर देखा तो पाया कि दो इंच से ज्यादा नहीं है। तंगलंग-ला यहाँ से ज्यादा दूर नहीं है, इसलिए वहाँ भी इससे ज्यादा बर्फ़ की संभावना नहीं। पुरानी बर्फ़ पर चलना मुश्किल भरा होता है; फिसल जाते हैं, लेकिन ताज़ी बर्फ़ पर ऐसा नहीं है। ज्यादा बर्फ़ नहीं है तो फिसल नहीं सकते। हाँ, ज्यादा बर्फ़ में धँसने का ख़तरा होता है। यहाँ तो दो ही इंच

बर्फ़ थी; सड़क से तो वो भी ख़त्म हो गयी थी। आने-जाने वाली गाड़ियों ने उसे कुचलकर ख़त्म कर दिया था। यह मेरे लिए और भी अच्छा था।

साइकिल पर भी थोड़ी-सी बर्फ़ थी, उसे झाड़कर हटा दिया। सामान बाँधा व सवा आठ बजे निकल पड़ा। खाने-पीने का तो सवाल ही नहीं। पानी की बोतल ज़रूर भर ली। मेरी एक-एक गतिविधि मज़दूरों के लिये तमाशा थी। उठने से लेकर अलविदा कहने तक उनकी भावहीन आँखें मेरे चेहरे व हाथों पर ही जमी रहीं।

सड़क पर कीचड़ हो गयी थी। पानी भी जमा हुआ था। साइकिल का पहिया जमे पानी से गुजरता तो पटर-पटर की आवाज आती। लेकिन ज्यादा दूर साइकिल नहीं चला पाया। साँस लेने में परेशानी होने लगी। हालाँकि रात 5130 मीटर की ऊँचाई पर सफलतापूर्वक बितायी थी, लेकिन फिर भी शरीर का अनुकूलन नहीं हो पाया; ऊपर से भूख। मुझे खाना खाये चौबीस घंटे हो चुके थे।

साइकिल से उतरना पड़ा व पैदल चलना पड़ा। चप्पल व मोजे कब तक पैरों की रक्षा करते? जल्दी ही ये भीग गये व पैरों की उँगलियाँ ठंडी पड़ने लगीं। रास्ते पर चलने के दो ही विकल्प थे - या तो कीचड़ में चलो या दो इंच बर्फ़ में। मैंने यथासंभव दूसरा विकल्प चुना।

इन परेशानियों के बावजूद एक शानदार बात भी थी। सभी पहाड़ियाँ बर्फ़ से ढक गयी थीं। नीचे की घाटियों में बर्फ़ नहीं पड़ी थी। मौसम खुला था। मैं नीचे मोरे मैदान को शुरू होते देख सकता था, जो पचास किलोमीटर दूर पांग तक चला गया है। दूर गड़रिये व उनकी भेड़ें पहाड़ पर धब्बे-से दिखायी पड़ रहे थे।

पीछे कुछ दूर सड़क पर ही एक जानवर दिखायी दिया। शरीर कुत्ते जैसा था, लेकिन लद्दाखी कुत्तों की मुझे बखूबी पहचान है। यह हड्डियों का ढाँचा ही दिखायी दे रहा था। बड़ी तेजी से मेरी ओर बढ़ रहा

ज्यों-ज्यों तंगलंग-ला की चढ़ाई चढ़ते जाते हैं, रूपशू का विहंगम नज़ारा दिखने लगता है। मोरे मैदान, शो कार झील और डेबरिंग रूपशू क्षेत्र में ही आते हैं।

था। पूँछ लंबी थी, मुँह पैनापन लिये था। मैदान में होता तो शायद मैं इसे गीदड़ घोषित कर देता, लेकिन पता नहीं लद्दाख में गीदड़ होते हैं या नहीं; भेड़िये ज़रूर होते हैं। तो क्या यह भेड़िया था?

उँगलियाँ सुन्न होने के बावजूद मैंने पत्थर उठाने का निश्चय कर लिया। लेकिन मेरी 'फायरिंग रेंज' में आने से पहले ही यह सड़क छोड़कर पहाड़ पर चढ़ गया। हिमाच्छादित वनस्पतिविहीन पहाड़ पर काफ़ी ऊपर तक वह जाता दिखता रहा। जान में जान आयी।

दो ट्रक खड़े मिले। एक को स्टार्ट होने के लिये धक्कों की आवश्यकता थी। मुझे देखते ही कहा गया भाई, जरा धक्का लगवा देना। चार-पाँच आदमियों ने सहायता की। खाली ट्रक था, फिर भी महाराज, जरा-सा हिलता, फिर वहीं आकर जम जाता। "हे लो, हे लो" करते ही साँस फूल जाती। तीन-चार बार यह महा-श्रम किया। नतीज़ा न निकलते देख सब हट गये।

मैंने मोबाइल जी.पी.एस. में ऊँचाई देखी - 5250 मीटर।

आहा! मैंने अपना 5200 मीटर तक चढ़ने का रिकार्ड तोड़ दिया। अभी थोड़ी देर में तंगलंग-ला पहुँचूँगा तो नया कीर्तिमान स्थापित हो जायेगा।

तंगलंग-ला - 17582 फीट। इसका अर्थ है 5359 मीटर। इसके नीचे लिखा था 5328 मीटर, जबकि मेरा मोबाइल बता रहा था 5311 मीटर। इन तीनों में प्रामाणिक चाहे कुछ भी हो, मैं अपने मोबाइल की बात मानूँगा - 5311 मीटर। अब देखना है कि यह रिकार्ड कब टूट पाता है।

यहीं एक छोटा-सा मंदिर था। हर दर्रे पर छोटे मंदिर होते ही हैं, लेकिन यह उनसे काफ़ी बड़ा था। पक्का भी था, लेकिन छत ठीक नहीं थी। कल जो बर्फ़ पड़ी थी, वो मंदिर के अंदर भी मिली। मंदिर सर्वधर्मा है। इसमें मक्का-मदीना से लेकर ईसा मसीह, बौद्ध, जैन, नानक, गोविंद सिंह सब हैं; बाकी जो जगह बच गयी है, उसमें तैंतीस करोड़ में से कुछ विराजमान हैं, लेकिन वर्चस्व अपने शिवजी का ही है।

कुछ देर यहाँ बैठने का इरादा था। बहुत थक गया था मैं, लेकिन जैसे ही मंदिर की चौखट पर बैठा, जल्द ही पता चल गया कि ज्यादा देर यहाँ नहीं बैठा जा सकता। ज़मीन अत्यधिक ठंडी थी।

पता नहीं कहाँ से एक लद्दाखी प्रकट हुआ, जुले जुले हुई। उसने वहीं पड़ी एक झाड़ू उठायी व मंदिर की सीढ़ियों पर जमी बर्फ़ हटाने लगा।

अब बारी थी साइकिल पर बैठने की। अभी तक मैं पैदल ही आया था। जैसे ही बैठा; पैडल पर पैर का दबाव डाला, तो साइकिल नहीं चली, पैडल कहीं अटक गया। नीचे उतरकर देखा तो चेन पर बर्फ़ जमी पड़ी थी। यह कच्ची बर्फ़ नहीं थी, ठोस बर्फ़ थी। दोनों पैडलों के बीच में ठोस बर्फ़ का ढूह लगा हुआ था। मैं कीचड़ में से साइकिल निकालकर लाया था, तो पिछले पहिये से यहाँ पानी गिरता

5300 मीटर से भी ऊँचे तंगलंग-ला पहुँचकर साइकिल व साइकिलबाज दोनों की खुशी देखने लायक होती है।

रहा व बर्फ़ बनता रहा। वही पानी व बर्फ़ फैलकर चेन तक आ गया था। एक छोटा-सा पत्थर उठाकर चेन की बर्फ़ तोड़ी, तब बात बनी।

तंगलंग-ला से आगे भी करीब तीन किलोमीटर तक सड़क बहुत ख़राब थी, लेकिन उसके बाद शानदार सड़क आ गयी। तंगलंग-ला से रूमसे 32 किलोमीटर है। पूरा रास्ता अच्छा बना था, ढलान तो थी ही। अब जबकि तंगलंग-ला पार कर चुका और यह पक्का हो गया कि कहीं भी चढ़ाई नहीं है तो बड़ी राहत मिली। रुककर नज़ारे भी देखने का होश आ गया। पीछे तंगलंग-ला पर जमी बर्फ़ भी दिखी। जितना नीचे उतरता गया, पीछे मुड़कर देखने पर उतना ही आश्चर्यचकित होता कि वहाँ उतना ऊपर से आया हूँ मैं। अब न भूख महसूस हुई, न प्यास। दो घंटे लगे इस दूरी को तय करने में। रूमसे 4200 मीटर पर है, 5300 मीटर से आने पर गर्मी लगनी ही थी। कुछ कपड़े उतार देने पड़े। यहाँ भरपेट खाना खाया। कल से भूखा था मैं।

रूमसे - इससे 250 किलोमीटर पीछे दारचा है। दारचा व रूमसे

के बीच में कोई गाँव नहीं। हाँ, सरचू में नदी के दूसरी तरफ अवश्य एक गाँव है। वो बौद्ध गाँव है; छोटा-सा गोम्पा भी दिखाई देता है, लेकिन वो गड़रियों के पड़ाव से ज्यादा नहीं है। कितना दुर्गम व निर्जन इलाका है यह! चार ऊँचे दर्रे हैं। अच्छा है कि रास्ता खुलते ही हिमाचली, लद्दाखी व नेपाली यहाँ जगह-जगह अस्थायी तंबू लगा लेते हैं, नहीं तो यात्रा करनी मुश्किल हो जाती। सरचू, पांग सब अस्थायी तंबू कालोनियाँ हैं।

तंगलंग-ला से आने वाली एक नदी के साथ-साथ रास्ता आगे बढ़ता है। रास्ते में ग्या, लातो, मीरू आदि गाँव आते हैं। यहाँ भी सीधे खड़े चट्टानी व मिट्टी के पहाड़ों के नीचे से निकलना रोमांच पैदा करता है। उससे भी रोमांचक है, बिजली की लाइन को देखना, जो लेह से रूमसे तक जाती है।

साढ़े चार बजे उप्शी पहुँचा। मौसम अब तक काफ़ी ख़राब हो चुका था। आज ही कारू जाने का इरादा था, जो यहाँ से 14 किलोमीटर आगे है; लेकिन मौसम ने नहीं जाने दिया। कारू में एयरटेल का नेटवर्क काम करता है। आठ दिन हो गये, जब आख़िरी बार केलांग में नेटवर्क आया था। फोन पर घरवालों व मित्रों को अपनी खुशहाली की सूचना देने को उतावला हो रहा था। आज उप्शी में रुकना पड़ेगा; यह उतावलापन एक दिन और सही।

उप्शी सिंधु किनारे स्थित है। एक रास्ता सिंधु के साथ-साथ ऊपर भी जाता है। उस रास्ते पर 200 किलोमीटर आगे चीन सीमा के पास हनले है, जहाँ उस समय अपना एक मित्र मिलिट्री में था। वहाँ चूँकि कोई भी नेटवर्क नहीं है, इसलिए मेरा इरादा था कि अचानक उसके सामने प्रकट होऊँ जाकर, लेकिन यह सब यात्रा शुरू करने से पहले की बात थी। अब जबकि मैं पाँच दर्रे पार कर चुका हूँ; सिंधु के साथ-साथ ऊपर जाने की सोचकर ही सिर घूम जाता है। वैसे भी उस समय इस सड़क पर चलने के लिये लेह से परमिट लेना आवश्यक था।

उप्शी में 100 रुपये में एक बिस्तर मिल गया। साथ ही पिछले

कई दिनों से "चार्जिंग-चार्जिंग" चिल्ला रहे मोबाइल व कैमरे भी फुल हो गये।

चौदहवाँ दिन - उप्शी से लेह

17 जून 2013

सात बजे आँख खुली। देखा उसी कमरे में कुछ लोग और भी सोये हुए हैं। पता चला ये लेह से मनाली जा रहे थे। रात ग्यारह बजे जब उप्शी से गुज़रे, तो पुलिस ने रोक दिया। कहा कि आगे रास्ता बंद है। मज़बूरन इन्हें रातभर के लिये यहाँ शरण लेनी पड़ी। बाहर झाँककर देखा तो सड़क पर एक बैरियर लगा था व गाड़ियों की कतारें भी थीं। लेह से दिल्ली जाने वाली बस भी यहीं खड़ी थी।

तंगलंग-ला पर दो दिनों से बर्फ़बारी हो ही रही थी। मैंने भी इसे बर्फ़ में ही पार किया था। आज मौसम और बिगड़ गया होगा, तो रास्ता बंद कर दिया। अब कहा जा रहा है कि जब तंगलंग-ला के दूसरी तरफ़ से कोई गाड़ी आ जायेगी, तभी यहाँ से आगे भेजा जायेगा। लेकिन मुझे एक संदेह और भी है। यहाँ से रूमसे तक रास्ता बड़े ख़तरनाक पहाड़ों के नीचे से होकर गुज़रता है। रात बारिश हुई होगी तो थोड़ा-बहुत भू-स्खलन हो गया होगा। उससे बचाने के लिये उप्शी में यातायात रोक रखा है, नहीं तो मीरू, ग्या, लातो व रूमसे में भी रुकने के इंतज़ाम हैं। वहाँ से तंगलंग-ला नज़दीक भी है। पता नहीं कब तंगलंग-ला खुलेगा; उसके कम से कम दो घंटे बाद कोई गाड़ी यहाँ तक पहुँचेगी, तब यहाँ से यातायात आगे बढ़ेगा।

सवा दस बजे उप्शी से चल पड़ा। रास्ता सिंधु के दाहिने किनारे के साथ-साथ है। कारू यहाँ से 14 किलोमीटर है और वहाँ मुझे एयरटेल का नेटवर्क मिलने वाला है। अभी तक दुनिया में किसी को नहीं पता कि मैं कहाँ हूँ और मुझे भी नहीं पता कि दुनिया कहाँ है।

कारू में पता चलेगा।

पाँच कनाडाई साइकिल वाले मिले। मनाली से आ रहे थे व लेह जा रहे थे। उनकी साइकिलें व पहनावा देखकर लगा कि पेशेवर साइकिलिस्ट होंगे। रात लातो में रुके थे।

कारू में बहुत बड़ा सैनिक अड्डा भी है। मैं अक्सर सैनिक महत्व की जगहों पर रुकना नहीं चाहता और फोटो तो कभी नहीं लेता; लेकिन ज्यादातर रास्ता ढलानयुक्त था, रुकने की आवश्यकता ही नहीं पड़ी।

कारू में प्रवेश से बिल्कुल पहले एक रास्ता सिंधु पार करके हेमिस जाता है। हेमिस में लद्दाख क्षेत्र का सबसे बड़ा गोम्पा है। देखा हेमिस जाने के लिये सिंधु पार करके चढ़ाई चढ़नी है तो वहाँ जाने का इरादा बदल लिया।

बारह बजे कारू पहुँचा। यहाँ से पेंगोंग झील जाने के लिये रास्ता अलग होता है। मोटरसाइकिलों व कारों की भीड़ देखी। चांग-ला बंद था, इसलिये सभी को यहीं रोका हुआ था।

नेटवर्क आ गया तो सबसे पहले घर पर बात हुई। पता चला उत्तराखंड में जबरदस्त बारिश हो रही है और बादल भी फट रहे हैं। केदारनाथ व गंगोत्री क्षेत्र में भयंकर तबाही होने की ख़बर पता चली। मैंने अपने बारे में बताया कि यहाँ ऊँचे दर्रों पर थोड़ी-सी बर्फ़ अवश्य गिरी है; मौसम भी ख़राब है, लेकिन लद्दाख में इससे ज्यादा की आशंका भी नहीं है। घरवाले चिंता में बैठे थे कि कहीं लड़का भी किसी बादल फटने की भेंट न चढ़ गया हो; बात करके उन्हें तसल्ली मिली।

अब मुझे डर था, वापसी की यात्रा का। हिमालय पार का तो भरोसा है, सही सलामत जोजी-ला तक पहुँच जाऊँगा, उससे आगे हिमालय शुरू हो जायेगा। मानसून उत्तर भारत पर कब्जा जमा ही चुका है। यह मुझे भी परेशान कर सकता है। फिर श्रीनगर से जम्मू की 300 किलोमीटर की दूरी जो बस से तय करनी है, वह भी

लेह अब दूर नहीं...

आपदाविहीन नहीं है; अगर बारिश ज्यादा हो गयी तो वो रास्ता भी बंद हो सकता है।

मैं जब यात्रा पर होता हूँ, तो खाने के साथ कोल्ड ड्रिंक लेना पसंद करता हूँ। अभी तक तय रेट से दस रुपये ज्यादा चुकाने पड़ रहे थे, अब एक भी रुपया फालतू नहीं लगा। तीस रुपये मतलब तीस रुपये। मनाली में पैंतीस की मिली थी। पूछा तो बताया, भाई पहाड़ है, महँगी हो ही जाती है आते-आते। कारू तक तो सौ रुपये की हो जानी चाहिये थी। लद्दाख की बनी हुई नहीं थी, नीचे की ही थी बनी हुई।

साढ़े बारह बजे कारू से चल पड़ा। लेह 35 किलोमीटर है, आज ही पहुँचना है। स्टैक्ना दस किलोमीटर है। किलोमीटर के पत्थरों पर ज्यादातर अंग्रेजी में लिखा है, लेकिन अक्सर हिंदी भी दिख जाती है। स्टैक्ना (Stakna) को 'सटकना' लिखा देखकर हँसी आ गयी। स्टैक्ना में गोम्पा भी है। बिल्कुल भी इच्छा नहीं थी गोम्पा देखने की। लेह पहुँचना था बस। यात्रा का पहला चरण जल्द से जल्द पूरा करना

था।

डेढ़ बजे स्टैक्ना पार हो गया। यहाँ से तीन किलोमीटर आगे रणबीरपुर है। बौद्ध देश में हिंदू नाम देखकर लगा कि नया गाँव ही होगा; लेकिन जब याद आया कि 1933 में राहुल सांकृत्यायन ने भी अपनी लद्दाख यात्रा में इस स्थान का ज़िक्र किया था, तो इसकी प्राचीनता का आभास हुआ। रणबीरपुर में मुसलमान भी दिखायी दिये।

रणबीरपुर से तीन किलोमीटर आगे ठिक्से है। ठिक्से भी अपने गोम्पा के कारण प्रसिद्ध है। दो बजे जब ठिक्से पहुँचा तो बिल्कुल भी इच्छा नहीं थी, साइकिल से उतरने की। बैठे-बैठे ही गोम्पा का एक फोटो खींचा और आगे बढ़ गया।

जनवरी में जब लद्दाख आया था तो ठिक्से आने की बड़ी प्रबल इच्छा थी। शे तक तो आ गया था, लेकिन बस न मिलने के कारण उससे चार किलोमीटर आगे ठिक्से तक नहीं आ पाया था। आज आ भी गया, गोम्पा को ढंग से देखने का समय भी था, लेकिन मन नहीं था।

कारू के बाद से ही लगातार मानव आबादी मिलती जा रही थी। छोटे-बड़े गाँव भी रास्ते में आते जा रहे थे। सिंधु के पानी का भरपूर प्रयोग करके इलाके को हरा-भरा बनाने की सफल कोशिश की गयी है। चारों ओर मिट्टी के बंजर व उजाड़ पहाड़, और बीच-बीच में ठेठ हरियाली आँखों को बड़ा सुकून देती। जनवरी में जब यहाँ आया था तो पेड़ खुद ठिठुरे थे, पत्तियों का नामो-निशान नहीं था। तब पेड़ों के ये ढाँचे ऐसे लगते थे, मानों बड़े पैमाने पर निर्माण कार्य चल रहा हो और ये पिलर आदि के लिये लगाये गये सरिये हों।

शे में प्रवेश करते ही वो स्थान दिख गया, जहाँ जनवरी में पूजा चल रही थी। आज वहाँ कोई नहीं था। उससे आगे शे पैलेस है, जो तब बिल्कुल खाली था। अब पर्यटकों से भरा था। शे पैलेस के सामने कई गाड़ियाँ खड़ी थीं व कुछ दुकानें भी थीं। मैंने बाहर से ही एक फोटो

लिया और अपनी राह ली।

सिंधु घाट पर धूल ही धूल थी। नवीनीकरण का काम चल रहा था। दो दिन पहले तक इच्छा थी कि सिंधु घाट पर कुछ समय बिताऊँगा, लेकिन अब जल्दी थी लेह पहुँचने की।

चोगलमसर में छोटा-सा जाम लगा मिला। जनवरी में भी यह भीड़-भाड़ वाला स्थान था, अब भी है। व्हिस्की नाले वाले सेरिंग साहब याद आ गये। वे यहीं के रहने वाले थे और अपने घर जाने का न्यौता दिया था। फोन नंबर भी दिया था। लेकिन उसी समय सोच लिया था कि उनके घर नहीं जाऊँगा; नहीं गया।

जेल के सामने कुछ देर रुका। यहाँ मैंने जनवरी में कई दिन बिताये थे। भाई विकास, सी.आर.पी.एफ. में था तो उसकी तैनाती यहीं थी। अब विकास की कंपनी यहाँ नहीं है तो यह स्थान मेरे किसी काम का नहीं। जेल से आगे थोड़ी-सी चढ़ाई है। मैं तंगलंग-ला पार करके लगातार नीचे ही उतरता जा रहा था; भूल गया था चढ़ाइयों को। इस दो-तीन किलोमीटर की चढ़ाई को चढ़ने में बड़ी परेशानी हुई। इसी चढ़ाई पर चलते हुए अगर पीछे देखें तो स्टोक पर्वतमाला का बड़ा शानदार नज़ारा दिखता है, लेकिन इस बार सब सूखा हुआ था। जनवरी में जब चप्पे-चप्पे पर बर्फ़ थी, तो मज़ा आता था इस नज़ारे को देखने में; अब उतना मज़ा नहीं आया। हालाँकि ऊँचे पहाड़ों पर पिछले दो दिनों में थोड़ी-सी बर्फ़ अवश्य पड़ी है।

चार बजे सवारी लेह के मुख्य चौक पहुँची। यहीं से श्रीनगर वाली सड़क बायें जाती है। मुझे पता था कि अगर मैं लेह शहर में प्रवेश करता हूँ, तो पूरा रास्ता चढ़ाई भरा है, इसलिये पहले तो सोचा कि हवाई अड्डे की तरफ मुड़ जाता हूँ, रास्ते में कोई होटल मिल जायेगा तो रुक जाऊँगा। फिर सोचा कि आज लेह ही रुकते हैं। यात्रा का एक अहम हिस्सा समाप्त हो रहा है, तो लेह रुककर ही इसका जश्न मनाया जाये। कल तो दूसरा हिस्सा शुरू कर ही देना है - लेह-श्रीनगर वाला।

शहर की तरफ साइकिल मोड़ दी।

चढ़ाई है। अस्पताल तक तो साइकिल चला ली, उसके बाद नहीं चला सका। बहुत ज्यादा चढ़ाई है। पैदल लेकर चल पड़ा। लेह शहर की सड़कों की मुझे ठीक-ठाक जानकारी है। टैक्सी स्टैंड के पास यह सड़क तीन हिस्सों में बँट जाती है। एक बायें जाती है, मुख्य बाज़ार की तरफ़, यही आगे शांति स्तूप भी चली जाती है। दूसरी हल्की-सी दाहिने डी.सी. ऑफिस की तरफ व तीसरी... अगर ध्यान से न चलें तो यह तीसरी खारदुंग-ला वाली सड़क दिखायी ही नहीं देती।

मैंने टैक्सी स्टैंड के पास ही एक होटल में कमरा देखा। गीज़र की सख्त आवश्यकता थी। उन्होंने कहा सुबह ही गर्म पानी आयेगा। किराया सात सौ रुपये। मुझे गीज़र चाहिये था। सात सौ भी दूँ और गीज़र न मिले; यह कमरा छोड़ दिया। इसके बाद मुख्य बाज़ार की तरफ़ चल पड़ा। बाज़ार पार करके एक पतली गली के मुहाने पर कई गेस्ट हाउसों के विज्ञापन दिखायी दिये। छह सौ में एक कमरा मिला। गीज़र यहाँ भी नहीं मिला, लेकिन कहा कि सुबह सात से ग्यारह बजे तक गर्म पानी उपलब्ध रहेगा। उसने बताया कि लेह में गीज़र नहीं हैं, उसके स्थान पर लकड़ी से पानी गर्म करने का सिस्टम है, जो आपके बाथरूम में स्वतः ही आता रहेगा। मैं यहीं ठहर गया।

कितने दिनों बाद आज शीशा मिला। अपना चेहरा देखा। अरे, यह कौन है? बंदर भी इससे अच्छे दिखते होंगे; फिर यह बेतरतीब बढ़ी दाढ़ी! दाढ़ी रखने का शौक था तो इसे अच्छी तरह रखता था। अब मतलब ही नहीं अच्छी तरह रखने का। अपना चेहरा मुझे ही अच्छा नहीं लगा। तभी नाई के यहाँ जाकर दाढ़ी सफ़ाचट करा आया। चेहरा काला हो गया था, लद्दाख की निशानी। अब आगे की पूरी यात्रा में इसे ढककर रखूँगा, ताकि दिल्ली जाकर लगे कि चेहरा ज्यादा नहीं बिगड़ा है। सबसे ज्यादा नुकसान नाक का हुआ। जल गयी तो अब पपड़ी उतरने लगी।

मैं लेह तीन दिन विलंब से पहुँचा। एक दिन तो रोहतांग से पहले

ही ख़राब हो गया था, जब दिन भर में गुलाबा से मढ़ी, मात्र तेरह किलोमीटर ही चला। दूसरा दिन ख़राब हुआ व्हिस्की नाले पर, जब मैं ख़राब मौसम और अत्यधिक ऊँचाई के कारण ग्यारह किलोमीटर से आगे नहीं बढ़ सका और तीसरा दिन ख़राब हुआ तंगलंग-ला पर। दस दिन की योजना थी लेह पहुँचने की, तेरह दिन लग गये।

खारदुंग-ला यानी दुनिया की सबसे ऊँची सड़क। जाने का मन तो था, लेकिन यात्रा शुरू करने से पहले। अब मैं 3400 मीटर की ऊँचाई पर हूँ। खारदूंग-ला यहाँ से 40 किलोमीटर आगे है, लेकिन लेह से 2000 मीटर ऊपर भी है। 40 किलोमीटर तो मैं चल देता, लेकिन अब 2000 मीटर ऊपर चढ़ना बस की बात नहीं है। नहीं जाऊँगा खारदूंग-ला; वैसे भी मौसम ख़राब चल रहा है, दोपहर तक तो वो बंद भी रहा था। न जाने का एक बहाना और मिल गया।

होटल वाले से विमर्श चल रहा था इस यात्रा के बारे में। मैंने पूछा अभी तक तो सड़क ज्यादातर ख़राब ही रही, आगे कैसी है? बोला बेहतरीन है, रास्ते में गाँव भी मिलते रहेंगे; कल आप आराम से कारगिल पहुँच जाओगे। मैंने कहा, नहीं भाई, साइकिल है, मोटरसाइकिल नहीं, तीन दिन लगेंगे कारगिल पहुँचने में...। शायद चार दिन भी लग जायें। उसने ऐसे देखा, जैसे कह रहा हो कारगिल पहुँचने में अगर चार दिन लगायेगा तो किस बात का साइकिलबाज?

लेह शहर में घूमने का कोई इरादा नहीं था। वैसे तो जनवरी में अच्छी तरह घूमा था यहाँ। तब गलियों में बर्फ़ जमी रहती थी व उस ठोस बर्फ़ पर चलते हुए ऐसा लगता कि पता नहीं कब फिसल जायें। बहुत डर-डरकर चलना होता था। आज बर्फ़ तो नहीं थी, लेकिन वो डर अभी तक कायम था।

लेह में एक भी फोटो नहीं खींचा। मैं फोटो तभी खींचता हूँ, जब मन करता है। मन नहीं किया, फोटो भी नहीं खींचा।

कमरे में टीवी भी लगा था। अब तक केदारनाथ में प्रलय आ

चुकी थी। मुझे उसका कोई आभास तक नहीं था। मैं समाचार चैनल देखना पसंद नहीं करता। चार घंटे ये चैनल देखकर उतनी जानकारी नहीं मिलती, जितनी अगले दिन पंद्रह मिनट अख़बार पढ़कर मिल जाती है।

लेकिन केदारनाथ की यह प्रलय मेरी उम्मीद से बहुत ज्यादा भयंकर थी। इसने केदारनाथ की चर्चा दुनिया के कोने-कोने में कर दी। पुराने समय में लोग जब चार-धाम की यात्रा करने जाते थे तो अपना श्राद्ध करके जाया करते थे; पता नहीं वापस लौटना हो या न हो। लेकिन सड़क मार्ग बन जाने से यह यात्रा आसान हो गयी। इस प्रलय का इतना खौफ़ बना कि इसके बाद आज भी अगर कोई केदारनाथ जाता है, तो संबंधी अवश्य टोकते हैं और यार-दोस्त भी अवश्य कहते हैं कि ज़िंदा वापस लौटना।

सोने से पहले सोच रहा था, अपनी यात्रा के पहले चरण के बारे में - मनाली-लेह सड़क पर साइकिल चलाने के बारे में। 474 किलोमीटर की दूरी, पाँच दर्रे, कहीं-कहीं अच्छी सड़क भी, लेकिन कुल मिलाकर ख़राब सड़क। कई-कई दिनों तक कोई गाँव नहीं - ये सब चीजें इसे दुनिया की ख़तरनाक सड़क का दर्जा दे देते हैं। इस सड़क पर कुछ भी चलाना बड़े जोखिम का काम है। साइकिल से इस सड़क को पार करना, अपनी बहुत बड़ी सफलता व उपलब्धि मान रहा हूँ। गर्व हो रहा है स्वयं पर।

5
जहाँ से आए थे

* पंद्रहवाँ दिन - लेह से ससपोल / 143
* सोलहवाँ दिन - ससपोल से फोतू-ला / 150
* सत्रहवाँ दिन - फोतू-ला से मुलबेक / 157
* अट्ठारहवाँ दिन - मुलबेक से शम्शा / 163
* उन्नीसवाँ दिन - शम्शा से मटायन / 171
* बीसवाँ दिन - मटायन से श्रीनगर / 178
* इक्कीसवाँ दिन - श्रीनगर से दिल्ली / 185

पुस्तक में लिखे आँकड़ों और यहाँ लिखे आँकड़ों में अंतर हो सकता है। सभी दूरियाँ 'लगभग किलोमीटर' में और सभी ऊँचाईयाँ 'लगभग मीटर' में हैं।

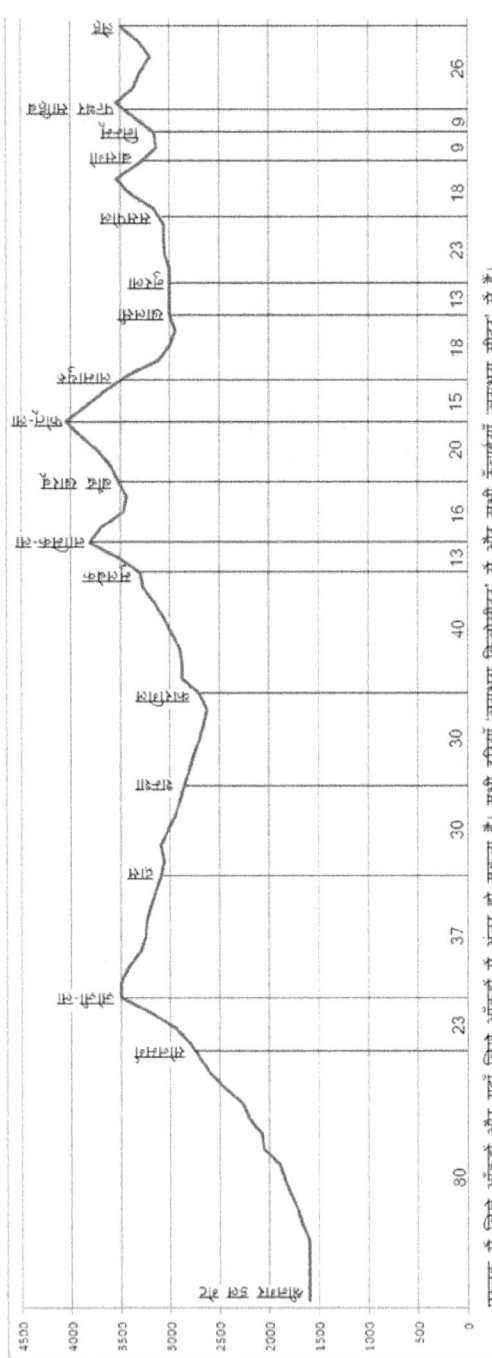

5
जहाँ से आए थे

पंद्रहवाँ दिन - लेह से ससपोल

18 जून 2013

नौ बजे सोकर उठा। उठने के मामले में कभी जल्दबाजी नहीं की। रात शानदार नींद आयी। नरम गद्दा था, नरम रजाई थी, भला अच्छी नींद क्यों न आती?

लेह शहर में मैं जनवरी में अच्छी तरह घूम चुका था, अब घूमने की आवश्यकता नहीं थी। खारदूंग-ला भी जाना चाहिये था, लेकिन सबसे पहली बात कि मन नहीं था, दूसरी बात मौसम ख़राब होने और भारी बर्फ़बारी की वजह से खारदूंग-ला का परमिट भी नहीं दिया जा रहा था। फिर लगातार समाचार आ रहे थे कि हिमाचल और उत्तराखंड में बारिश ने भारी तबाही मचा दी है। लद्दाख में तो खैर उतना भय नहीं है, लेकिन जोजी-ला के बाद जम्मू तक अवश्य बारिश व्यवधान पैदा कर सकती है। अगर कोई व्यवधान हो गया तो रास्ते में पता नहीं

कितने दिन रुकना पड़ जाये। अब ज़रूरी था जल्द से जल्द इस यात्रा को समाप्त करके दिल्ली पहुँचना।

लेह से श्रीनगर तक तीन दर्रे पड़ते हैं - फोतू-ला, नामिक-ला और जोजी-ला। इनमें फोतू-ला सबसे ऊँचा है - 4100 मीटर। सारे उतार-चढ़ावों को ध्यान में रखते हुए सात दिन में श्रीनगर पहुँचने का कार्यक्रम इस प्रकार बनाया - लेह से ससपोल, ससपोल से लामायुरू, लामायुरू से मुलबेक, मुलबेक से कारगिल या खारबू, कारगिल या खारबू से द्रास, द्रास से सोनमर्ग और सोनमर्ग से श्रीनगर।

गर्म पानी आ रहा था। दस दिन पहले आठ तारीख को गोंदला में ही नहाया था; तब से लगातार पसीना बहा रहा हूँ। शरीर पर कहीं भी हाथ लगा दूँ, मैल की परतें उतरने लगतीं। सबसे ज़रूरी था मुँह अच्छी तरह धोना; लेकिन मुँह पर हाथ लगाना भी मुश्किल था। नाक बिल्कुल जल चुकी थी, ऊपर से गर्म पानी लगता तो और भी जलन होती... साबुन से और भी भयंकर। यहाँ प्रतिज्ञा की कि श्रीनगर तक 434 किलोमीटर के रास्ते में एक किलोमीटर भी मुँह उघाड़कर साइकिल नहीं चलाऊँगा। एक सप्ताह बाद जब दिल्ली पहुँचूँगा तो काफ़ी हद तक चेहरा ठीक हो जाना चाहिये।

अब समस्या आयी कपड़ों की। दस दिनों से एक ही जोड़ी कपड़ों में काम चला रहा था। वैसे तो मैं पर्याप्त कपड़े लाया था, लेकिन पैकिंग करते समय बुद्धि पर पत्थर पड़ गये थे। दो जोड़ी हाफ़ पैंट व आधी बाजू की टी-शर्ट रख ली। शरीर का कोई भी हिस्सा लद्दाख की धूप में नंगा रहना ख़तरनाक है। पैंट भी नहीं पहन सकता था, क्योंकि इसे पहनकर अगर आज दिनभर साइकिल चला ली तो शाम को बैठने लायक भी नहीं रहूँगा। ऐसे में वही एकमात्र लोवर बचता है जिसे मैं पिछले दस दिनों से पहने हुए था। लोवर के ऊपर हाफ पैंट पहन ली, लुक बदल गया।

लद्दाख में ठंड उतनी बड़ी समस्या नहीं है, जितनी धूप। साइकिल चलाते समय हथेली के ऊपर का हिस्सा लगातार सूरज के

इस साइकिल यात्रा का पहला पड़ाव पूरा कर लेने के बाद अब दूसरा पड़ाव भी तय करना है - लेह-श्रीनगर मार्ग।

सामने पड़ता था। शुरूआत में न तो दस्ताने पहने और न ही क्रीम लगायी। दोनों जल गये। जब जली हुई त्वचा की पपड़ी उतरने लगी तो क्रीम लगानी शुरू कर दी। इससे भी काम नहीं चला और नई नाजुक त्वचा जो अभी जली त्वचा के नीचे थी, वो भी जलने लगी। अब तय किया कि दस्ताने पहनूँगा।

लेकिन पंजों पर ऐसी समस्या नहीं आयी। मैं चप्पलें पहने था और पंजों का कुछ हिस्सा सीधे धूप में पड़ता था। जो हिस्सा धूप में आया वो जला नहीं, बल्कि काला पड़ गया। उसमें न दर्द हुआ, न त्वचा उतरी, इसलिये उस हिस्से को नंगा ही रहने दिया। लेह से जब चला तो पूरे शरीर पर केवल पंजों का कुछ हिस्सा ही था जो नंगा था। कोई मुझे देखकर नहीं बता सकता था कि मैं भारतीय हूँ या विदेशी।

दस बजकर चालीस मिनट पर इस साइकिल यात्रा का दूसरा चरण आरंभ कर दिया। यह पहले चरण के मुकाबले आसान ही रहेगा क्योंकि एक तो पूरे रास्ते आबादी मिलती रहेगी और सड़कें भी अच्छी

हैं। ज्यादातर नीचे उतरना है।

मुख्य बाज़ार में ही एक दुकान है, जहाँ मैदानी खाना अच्छा मिलता है। यह दुकान जनवरी में भी खुली थी। चाय समोसे खाये।

तीन किलोमीटर दूर मुख्य चौक तक तो अच्छा-खासा ढलान है। यहाँ से बायें सड़क मनाली चली गयी है और सीधे श्रीनगर। मेरे काम की सीधी सड़क थी। ढलान जारी था। विमानपत्तन के सामने से गुज़रा तो जनवरी वाली यात्रा याद आ गयी। मेरी पहली हवाई यात्रा दिल्ली से यहीं के लिये हुई थी - कुशोक बकुला रिंपोछे विमानपत्तन।

पहले बूँदाबाँदी हुई, अब तेज बारिश होने लगी। इससे बचने का इंतजाम था मेरे पास। बस पंद्रह मिनट रुकना पड़ा, मैं बारिश-विरोधी तामझाम से लैस हो गया।

यहाँ दूर-दूर तक सेना का पड़ाव है। सैनिक पड़ावों पर मैं फोटो नहीं खींचा करता; फिर बारिश भी थी, फोटो न खींचने का एक और बहाना।

पिटुक गोम्पा पहले देखा हुआ था, इस बार बिना रुके ढलान पर सीधा बढ़ गया। रास्ते में ईण्डेन का एल.पी.जी. बॉटलिंग संयंत्र मिला, जहाँ लिखा था विश्व का सर्वोच्च बॉटलिंग संयंत्र, ऊँचाई 11800 फीट।

लेह 3400 मीटर की ऊँचाई पर है। इसके बाद ढलान शुरू हो जाता है और ऊँचाई 3200 मीटर से भी नीचे आ जाती है। इसके बाद करीब दस किलोमीटर फिर चढ़ाई है। यह चढ़ाई सर्पाकार नहीं है बल्कि सीधे रास्ते पर ही है। पत्थर साहिब से दो किलोमीटर पहले तक यह बरकरार रहती है और हम 3535 मीटर तक जा पहुँचते हैं। यहाँ सिंधु कुछ दूर चली जाती है और दिखती भी नहीं। इस चढ़ाई भरी दस किलोमीटर की दूरी को तय करने में दो घंटे लग गये।

गुरुद्वारा पत्थर साहिब - लेह से पच्चीस किलोमीटर दूर समुद्र तल से 3473 मीटर ऊपर। कहते हैं गुरु नानक देव जी यहाँ सन

1517 में आये थे। यहाँ की जनता एक राक्षस के अत्याचारों से बड़ी तंग थी तो इससे मुक्ति दिलाने का काम नानकदेव जी ने शुरू किया। राक्षस जिस पहाड़ी पर रहता था, उसी के नीचे बैठ गये। राक्षस परेशान हो गया। उसने ऊपर से एक बड़ी चट्टान गुरुजी के ऊपर फेंकी। लेकिन उससे गुरुजी को कुछ नहीं हुआ और वह मोम की बन गयी व उनका शरीर चट्टान में धँस गया। शरीर की आकृति बन गयी, वो आकृति उस चट्टान पर आज भी है। वही चट्टान है, जो भी कुछ है।

वैसे गुरु नानक बड़े ज़बरदस्त घुमक्कड़ थे। जब भारत में इस्लामी शासन था, उस दौर में वे पैदा हुए थे। मक्का मदीना से लेकर तिब्बत तक, यारकन्द से लेकर श्रीलंका तक उनके पैर पड़े।

गुरुद्वारा शानदार है। लघु लंगर मिला, चाय और शायद हलुवे का। उस समय आकाश में काले-काले बादल थे, तेज हवा चल रही थी और टिमटिम बूँदें भी पड़ रही थीं। ऐसे में लद्दाख में तापमान बहुत नीचे चला जाता है। गुरुद्वारे में बिछे नरम मोटे-मोटे गद्दों पर चलना काफ़ी सुकून भरा रहा।

आधे घंटे बाद यहाँ से चल पड़ा। ढलान है और सड़क भी शानदार है। पिछले काफ़ी दिनों से मैं ऐसे रास्ते के लिये तरस रहा था, इसलिए ब्रेक से उँगलियाँ हटा लीं और साइकिल को दौड़ा दिया। एक ट्रक से आगे निकालकर कार के पीछे-पीछे लग गया। कार में बैठे पर्यटक पीछे साइकिल को कार की स्पीड से चलते देखकर हैरान-से लग रहे थे। बच्चे हाथ हिला रहे थे। मैं भी हाथ हिलाने लगा। मैग्नेटिक हिल पर कार रुक गयी और मैं आगे बढ़ गया। एक तो मौसम भी बिगड़ता जा रहा था, फिर ढलान - मैं मैग्नेटिक हिल पर नहीं रुका; और रुककर करता भी क्या? कार वालों को तो अपनी कार पर चुंबकीय प्रभाव देखना था। साइकिल पर इसका क्या प्रभाव पड़ेगा?

निम्मू से दो-तीन किलोमीटर पहले सिंधु-जांस्कर संगम दिखायी देता है। जनवरी में यहाँ कोई नहीं था और जांस्कर जमी हुई थी। अब यहाँ पर्यटकों की अच्छी संख्या मस्ती कर रही है। यहाँ से निम्मू तक

नदी शांत होकर बहती है तो राफ्टिंग भी हो जाती है।

भूख लगी थी। निम्मू में ही कुछ खाना था। गाँव पार करके बायें हाथ एक होम-स्टे दिखा, जहाँ भोजन भी मिल जाता है। दो पराँठे व चाय का आदेश दे दिया। लद्दाख में होम-स्टे की परम्परा मुझे बड़ी अच्छी लगी। हालाँकि मुझ जैसों के लिये यहाँ रुकना थोड़ा महँगा अवश्य होता है, लेकिन पैसे भी पूरे वसूल हो जाते हैं। बिल्कुल लद्दाखी घर में रहना होता है, खेतों व बगीचों के बीच। मुझे यहाँ रुकना तो नहीं था, लेकिन भोजन इसी माहौल में किया, अच्छा लगा।

आधे घंटे बाद पौने चार बजे यहाँ से चल पड़ा। अच्छा हाँ, निम्मू समुद्र तल से 3130 मीटर ऊपर है, सिंधु के बिल्कुल किनारे। दूसरे गाँवों की तरह यहाँ भी सिंधु जल का अच्छा उपयोग करके पेड़ लगाये गये हैं, जो मरुस्थल में आँखों को सुकून देते हैं।

कहते हैं अच्छे दिन ज्यादा देर तक नहीं चलते, बुरे दिन लंबे खिंच जाते हैं। यहाँ भी ऐसा ही हुआ। निम्मू के बाद चढ़ाई शुरू हो गयी और बासगो के बाद तो बढ़िया ढंग की चढ़ाई है। सोचा था कि रास्ता सिंधु के साथ-साथ है तो ढलान ही मिलेगा, लेकिन वास्तव में ऐसा नहीं है। बासगो के बाद सिंधु दक्षिणप्रवाही हो जाती है; कुछ दूर दक्षिणप्रवाही होने के बाद मुड़कर उत्तर-पश्चिमी हो जाती है और ससपोल तक उत्तर-पश्चिमी ही रहती है। यानी अगर बासगो से ससपोल का नक्शा देखें तो सिंधु 'यू' के आकार में दिखती है। इस दूरी को सड़क मार्ग के लिये कम करने को बासगो से सीधे ससपोल तक सड़क बना दी है। इससे सड़क पहले तो ऊपर चढ़ती है, फिर नीचे उतरती है। बासगो में सिंधु दिखती है, फिर ससपोल में दिखती है, रास्ते में कहीं नहीं दिखती।

बासगो लगभग 3200 मीटर की ऊँचाई पर है। इससे आगे चढ़ाई शुरू हो जाती है। तीन-चार लूपों के बाद एक विस्तृत मैदान दिखायी देता है और सड़क सीधी हो जाती है। अगर गाड़ी से जायेंगे तो यह एक समतल मैदान ही दिखेगा, लेकिन साइकिल से जाने वाले को

स्पष्ट चढ़ाई दिखेगी। बासगो से दस किलोमीटर तक चढ़ाई है, फिर एकाएक उतराई शुरू हो जाती है, जो ससपोल जाकर ही ख़त्म होती है। वह सर्वोच्च बिन्दु 3520 मीटर पर है... ससपोल 3090 मीटर पर।

यह मैदान बिल्कुल निर्जन है। कोई गाँव नहीं, कोई बसावट नहीं; हाँ, आकाशवाणी का एक टावर अवश्य है। यहाँ से एक निर्माणाधीन सड़क भी जाती है, जो ना-ला दर्रे को पार करके श्योक घाटी में हुंडुर तक जायेगी। इससे कश्मीर से श्योक व नुब्रा घाटी जाने के लिये लेह जाना ज़रूरी नहीं होगा व दूरी भी काफ़ी घट जायेगी। ना-ला दर्रा करीब 5500 मीटर ऊँचा है।

बासगो के बाद कहीं भी पानी नहीं मिला। चढ़ाई पर पानी की बहुत ज्यादा आवश्यकता पड़ती है। बोतल खाली हो चुकी थी। मैदान में सड़क किनारे एक टैंकर खड़ा मिला। सरदारजी सड़क के दूसरे किनारे बैठकर ढलते सूरज की गुनगुनी धूप का आनंद ले रहे थे। यहाँ टैंकर खड़ा होने का एक ही अर्थ है कि वह ख़राब हो गया है। मैंने पानी माँगा। सरदारजी पंजाबी गिलास में ठंडा पानी भरकर ले आये और बोतल भी भर दी। उन्होंने बताया कि तीन दिनों से गाड़ी ख़राब है, कल ठीक हो जाने की उम्मीद है। उनके साथ सोलह-सत्रह साल का उनका लड़का भी था। बताया कि इसकी छुट्टियाँ पड़ गयी हैं, तो सोचा कि इसे भी ट्रक पर लद्दाख का एक चक्कर लगवा लाऊँ। मैंने कहा यह महा-पुण्य का काम किया आपने। उन्होंने रुकने और खाना खाकर जाने का न्यौता भी दिया, लेकिन मैं धन्यवाद कहते हुए आगे बढ़ गया।

पाँच बजकर बावन मिनट पर मैंने बासगो-ससपोल के बीच के सर्वोच्च बिंदु को पार कर लिया। इसके बाद 13 किलोमीटर दूर ससपोल पहुँचने में 48 मिनट लगे और इस समय में काफ़ी सारे फोटो भी खींचे गये। अच्छी सड़क थी, अच्छी स्पीड मिली। एक तिराहा भी मिला, जहाँ से तीसरी सड़क लिकिर गोम्पा जाती है। यह गोम्पा

लद्दाख के माने हुए गोम्पाओं में से एक है। समय नहीं था, इसलिये नहीं गया और असल बात कि उस समय इसकी जानकारी भी नहीं थी; और जानकारी होती, शायद तब भी नहीं जाता। ठिक्से नहीं गया, हेमिस भी नहीं गया, लिकिर कैसे चला जाता?

जब ससपोल पहुँचा तो 62 किलोमीटर साइकिल चला चुका था। काफ़ी थक गया था। टैंट लगाने का मन नहीं था। ससपोल में घुसते ही एक गेस्ट हाउस दिखा। किराया पाँच सौ रुपये। मैंने मोलभाव किया तो सौ रुपये नीचे आ गया - चार सौ। घर में दो ही सदस्य थे, दोनों महिलाएँ, माँ-बेटी। खाने की बात की तो उन्होंने अपने साथ ही मेरा खाना भी बना दिया। थोड़े-से चावल और थोड़ी-सी सब्जी।

ससपोल सिंधु के किनारे स्थित है और सिंधु के उस तरफ़ प्रसिद्ध गोम्पा अल्ची है। यहाँ से अल्ची गोम्पा दिखता है, लेकिन इस गेस्ट हाउस से नहीं दिखता। अल्ची जाने की भी मेरी इच्छा नहीं थी।

सोलहवाँ दिन - ससपोल से फोतू-ला

19 जून 2013

चूँकि नौ बजे ससपोल से चल पड़ा तो इसका अर्थ है कि साढ़े सात बजे उठ भी गया होऊँगा। कल लेह में नहाया था, तो आज नहाने का सवाल ही नहीं। गेस्ट हाउस घर ही होते हैं। और यह भी काफ़ी बड़ा था। खूब ताक-झाँक कर ली, कोई नहीं दिखा। आंतरिक हिस्से में मैं झाँका नहीं करता। कुछ देर बाद जब लड़की दिखायी पड़ी तो पता चला कि उसकी मम्मी लामायुरू गयी हैं, वहाँ कोई पूजा है। घर में लड़की अकेली ही थी। उसने नाश्ते के बारे में पूछा, मैंने तुरंत हाँ कर दी। पूछने लगी कि यहीं आपके कमरे में लाऊँ या आप अंदर चलोगे रसोई में। मेरी इच्छा तो थी कि लद्दाखी घर में अंदर जाऊँ, लेकिन

मन अकेली लड़की की वजह से मना भी कर रहा था। कह दिया कि यहीं ले आओ। वह, जैसा तुम चाहो, कहकर चली गयी। अचानक पुनः प्रकट हुई। बोली, नहीं भैया, आप अंदर ही चलो, कोई परेशानी नहीं है; मुझे काफ़ी सारा सामान उठाकर लाना पड़ेगा। मैं झट पीछे-पीछे हो लिया।

मैं जनवरी में चिलिंग में दो दिनों तक होम-स्टे के तौर पर एक लद्दाखी घर में ठहर चुका था। यह भी लगभग उसी की तरह था - मोटे-मोटे नरम गद्दे, बैठने को लंबे-चौड़े पीढ़े; चाहो तो उन पर सो जाओ। और सामने बुद्ध भगवान। दीवारों पर रैक बनाकर बर्तन सजाकर रखे थे, और ज़बरदस्त साफ़ सफ़ाई।

लड़की का नाम ध्यान नहीं। बारहवीं में पढ़ रही थी। लद्दाखी रोटियाँ ले आयी। ये बहुत मोटी होती हैं और अंगारे पर सिंकती हैं। इन्हें जैम और चाय से खाया जाता है। कई तरह के जैम के डिब्बे मेरे सामने लाकर रख दिये। पतली गर्दन वाला चाय का थर्मस भी। मुझे वैसे तो पता नहीं है कि इन रोटियों के खाने का सही तरीका क्या होता है, लेकिन चिलिंग में प्रयोग में लाया तरीका यहाँ भी आजमाया। छुरे और चाकू से डिब्बे से जैम निकालकर रोटी पर अच्छी तरह चुपड़कर खा जाओ, साथ के साथ चाय पीते जाओ। लड़की ने टोका नहीं, तो यही तरीका होगा इसे खाने का।

नौ बजे यहाँ से चल पड़ा। आज का लक्ष्य 61 किलोमीटर दूर लामायुरू पहुँचने का था। इसमें खालसी तक रास्ता सिंधु के साथ-साथ था, उसके बाद सिंधु छोड़ देंगे और फोतू-ला की चढ़ाई शुरू हो जायेगी।

ससपोल से निकलते ही बायें हाथ सिंधु पार करके एक सड़क प्रसिद्ध गोम्पा अल्ची चली जाती है। मुझे अल्ची नहीं जाना था, इसलिये सीधा चलता रहा।

दोनों तरफ़ रेतीले और चट्टानी पहाड़ व बीच में सिंधु - बड़ा

शानदार नज़ारा पेश करते हैं। सिंधु काफ़ी चौड़ाई में बहती है और बहाव भी काफ़ी तेज है। रुककर इसे देखना अच्छा लगता है।

ससपोल से 23 किलोमीटर आगे नुरला है। साढ़े ग्यारह बजे नुरला पार हो गया। नुरला 3000 मीटर की ऊँचाई पर है। छोटा-सा गाँव और रुकने खाने को कुछ नहीं। नुरला से 12 किलोमीटर आगे खालसी है। खालसी 2978 मीटर की ऊँचाई पर है। ज़ाहिर है रास्ते में उतराई तो मिली, लेकिन उतनी नहीं जितनी अपेक्षा थी। एक बजे खालसी पहुँचा।

खालसी में ढाबे, होटल व गेस्ट हाउस सब हैं। धूलयुक्त सड़क पर वाहन खड़े थे। लोगबाग खाने के लिये रुके थे। मैंने भी एक पंजाबी ढाबे में शरण ली और दाल चावल का आनंद उठाया।

नौ बजे ससपोल से चलकर एक बजे 35 किलोमीटर दूर खालसी आ गया था। ज्यादा ढलान नहीं थी। धूप काफ़ी तेज थी इसलिये बहुत थकान हो गयी थी। पिछले चौदह दिनों में आज पहली बार है, जब 3000 मीटर से नीचे आया। एक यह भी कारण था ज्यादा गर्मी लगने का; फिर पूरा शरीर ढकना पड़ रहा था... यानी सारे समीकरण अपने विपरीत थे।

दो बजे यहाँ से चल पड़ा। सड़क अच्छी मिली और ढलान भी था, इसलिये तीन किलोमीटर मात्र दस मिनट में नाप डाले। खालसी से तीन किलोमीटर आगे एक तिराहा है, जहाँ से एक सड़क बटालिक जाती है। बटालिक जाने के लिये उस समय परमिट लेना होता था। उसी सड़क पर ही लद्दाख क्षेत्र के प्रसिद्ध और विलक्षण गाँव धा और हनु हैं। कहा जाता है कि वे शुद्ध आर्य हैं। वैसे तो वहाँ और भी गाँव हैं, लेकिन सुना है कि बाहरी लोगों को केवल इन दो गाँवों में ही जाने की अनुमति है।

यहाँ एक चेकपोस्ट भी है, जहाँ हर आने-जाने वाले को अपनी पहचान एक रजिस्टर में लिखनी पड़ती है। मैं पूरी तरह ढका हुआ था।

पहरेदार ने साइकिल की वजह से विदेशी समझा और अंग्रेजी में समझाते हुए विदेशियों वाला रजिस्टर सामने रख दिया। मैं ऐसे मौकों का भरपूर मज़ा लेता हूँ। मैंने ठेठ हरियाणवी लहज़े में कहा - ''भाई, देस्सी रजिस्टर कित सै?'' उसका चेहरा देखने लायक था।

बटालिक वाली सड़क सिंधु के साथ-साथ दाहिने चली जाती है, जबकि अपनी कारगिल वाली सड़क यहीं से सिंधु पार कर जाती है। इस मुख्य सड़क से खालसी से कारगिल 133 किलोमीटर है, जबकि बटालिक के रास्ते डेढ़ सौ किलोमीटर। मुख्य रास्ते में दो दर्रे पड़ते हैं, जो 4100 मीटर व 3800 मीटर ऊँचे हैं, जबकि बटालिक के रास्ते में 4000 मीटर ऊँचा एक ही दर्रा है - उसका नाम है हम्बोटिंग-ला। कुल मिलाकर समीकरण बटालिक के पक्ष में भी हैं, लेकिन वह पाक-अधिकृत-कश्मीर की सीमा के नज़दीक है, इसलिये कारगिल व श्रीनगर जाने के लिये उसे नज़रअन्दाज कर दिया जाता है। बटालिक जाने के लिये भी उस समय परमिट की आवश्यकता होती थी।

सिंधु पार करके करीब एक किलोमीटर तक रास्ता सिंधु के साथ-साथ ही चलता है, फिर बायें मुड़ जाता है। यहाँ यह एक दूसरी नदी के साथ-साथ चलता है, लेकिन भूदृश्य में एक परिवर्तन आ जाता है। अभी तक बहुत चौड़ी घाटी में चल रहे थे, अब संकरी घाटी में हैं। नदी के दोनों तरफ़ सीधे खड़े ऊँचे-ऊँचे पहाड़ हैं, उनके बिल्कुल नीचे सड़क है। कोई पत्थर भी गिरेगा तो सीधे सड़क पर ही गिरेगा। कई जगह सड़क इन्हीं पत्थरों की वजह से क्षतिग्रस्त भी थी। बरसात होती तो मुझे इस सड़क से गुज़रते हुए डर लगता, अब बिल्कुल भी डर नहीं लग रहा था, बल्कि एक नये परिवेश में आकर खुशी हो रही थी। हर मोड़ पर नया दृश्य।

मुझसे कुछ आगे जाकर एक गाड़ी रुकी। उसमें से चार लोग बाहर निकले और मेरे फोटो खींचने लगे। जब मैं उनके पास पहुँचा, तो ज़ाहिर है रुकना पड़ा। पूरी तरह ढके होने के कारण उन्होंने मुझे विदेशी समझा। अंग्रेजी से शुरूआत हुई, लेकिन जल्द ही वे समझ

गये कि हमारे भारतीय भी ऐसा कर सकते हैं। वे कुछ दिन पहले श्रीनगर से लेह गये थे, अब लौट रहे हैं। उन्हें शिकायत थी कि रास्ता बहुत ख़राब है। मैंने कहा कि अगर आप मनाली के रास्ते आये होते, तब इस रास्ते को ज़न्नत बताते। खैर, बड़ी तारीफ़ की उन्होंने मेरी। चढ़ाई भरा रास्ता था। मैं थक गया था और पसीने से लथपथ था, सारी थकान उतर गयी; और हाँ, पानी की एक भरी बोतल भी दी उन्होंने।

इस नदी के किनारे-किनारे चलते हुए करीब छह किलोमीटर आगे एक तिराहा मिला। यहाँ से मुझे इस नदी का साथ छोड़ देना है। फोतू-ला की असली चढ़ाई अब शुरू होगी। एक सड़क नदी के किनारे-किनारे बायीं ओर भी गयी है। यहीं एक सूचना-पट्ट भी लगा था, जिस पर लिखा था - वाँगला-फोतोकसर-नेरक रोड। नेरक लिखा देखकर मैं जान गया कि यह सड़क अभी निर्माणाधीन है। नेरक जांस्कर नदी के किनारे स्थित है और अभी किसी भी तरफ़ से सड़क मार्ग से नहीं जुड़ा है। यह सड़क भी आख़िरकार पदुम ही जायेगी। इस पर पहला ही दर्रा है - शिरशिर-ला। बड़ी शानदार और ख़ूबसूरत जगह है यह दर्रा।

यहाँ से आगे जो चढ़ाई शुरू हुई, उसने मेरी जान निकाल दी। दो-तीन लूप भी हैं। थोड़ा-सा चलता और ज्यादा देर रुकता। चूँकि अभी चार ही बजे थे और लामायुरू भी ज्यादा दूर नहीं था, इसलिये मैं देर होने के प्रति बेफ़िक्र था।

रास्ते में 'मूनलैंड' पड़ा। लामायुरू से पहले पहाड़ों की आकृति बिल्कुल अनोखी है। कहते हैं कि ऐसी आकृति चंद्रमा की सतह पर है। इनमें मिट्टी की मात्रा ज्यादा है और पानी व वायु के कटाव से ऐसी आकृतियाँ बन गयी हैं। ये ऐसी हैं कि इनसे नज़र नहीं हटती। आज अष्टमी थी और संयोग से चंद्रमा ऊपर ही चमक रहा था। मूनलैड में चंद्रमा दिखने का अच्छा संयोग बन गया।

साढ़े पाँच बजे लामायुरू में प्रवेश किया। यह एक बौद्ध गाँव है। एक गोम्पा भी है। गोम्पा में पूजा थी, इसलिये दूर-दूर से श्रद्धालु आये

थे। शाम होने पर वापस भी लौटने लगे थे। गाड़ियाँ और बसें भर-भर कर लामायुरू से लौट रही थीं। पूजा कल भी रहेगी। बड़ी भीड़ थी।

मुझे आज यहीं रुकना था। मैं आज 61 किलोमीटर चल चुका था, जिसमें से ज्यादातर चढ़ाई थी। लामायुरू 3400 मीटर की ऊँचाई पर है। आगे कुछ दूर फोतू-ला है। मेरे पास लेह-श्रीनगर मार्ग का कोई डाटा नहीं था, इसलिये मुझे नहीं पता था कि फोतू-ला कितनी ऊँचाई पर है और यहाँ से कितना दूर है। एक से पूछा तो दस किलोमीटर बताया। सोचा कि आज ही फोतू-ला पार लेता हूँ और उधर तो ढलान मिलेगा; खारबू जाकर रात रुक जाऊँगा। फिर सोचा, अगर फोतू-ला दस किलोमीटर भी है, तो मुझे तीन घंटे लगेंगे इसे पार करने में। साढ़े पाँच अभी बज चुके हैं, फोतू-ला तक ही अच्छा अँधेरा हो जायेगा। नहीं, आज यहीं लामायुरू में रुकता हूँ।

एक गेस्ट हाउस में गया। एक कमरा बताया, पंद्रह सौ रुपये का। दूसरे में गया - बारह सौ का। होश उड़ गये। पूजा की वजह से आज लामायुरू इतना महँगा है। खाने को भी कुछ नहीं मिला। अब आगे बढ़ने के अलावा कोई चारा नहीं था।

आगे बढ़ना पड़ा। यहाँ से आगे चढ़ाई तो है, लेकिन लूप नहीं है। फिर मानसिक स्थिति भी मजबूत हो चुकी थी कि चलना ही चलना है, चाहे रो-धोकर चल या हँसी-खुशी, इसलिये शरीर ने इस चढ़ाई को स्वीकार कर लिया और हर दस मिनट में एक किलोमीटर चलने का औसत निकलने लगा।

चार किलोमीटर चलकर कुछ मोटरसाइकिल वाले मिले। मैंने एक से पूछा कि फोतू-ला कितना दूर है, तो बताया मात्र चार किलोमीटर। जी खुश हो गया। मैं आज ही फोतू-ला पार कर लूँगा। पौन घंटे में या हद से हद एक घंटे में फोतू-ला पार हो जायेगा। और दुगने जोश से पैडल मारने लगा।

चार किलोमीटर चलकर जब देखा कि सड़क कुछ आगे जाकर

लामायूरू मेले में एक बौद्ध श्रद्धालु

एक मोड़ के बाद गुम होती दिख रही है तो उस मोड़ के फोतू-ला होने का एहसास होने लगा। रुककर उस 'फोतू-ला' को अच्छी तरह देखा। बेटा फोतू-ला, आज तुझे फ़तह करने की उम्मीद नहीं थी; आज तो मैं लामायुरू में रुकने वाला था। तू लेह-श्रीनगर रोड़ पर सबसे ऊँचा दर्रा है। देख, लेह से चलने के दो दिन बाद ही तुझे पार करने वाला हूँ। साइकिल आगे बढ़ा दी।

और जब उस मोड़ पर पहुँचा तो हैरान रह गया। फोतू-ला वोतू-ला कुछ नहीं था, दूर कम से कम सात-आठ किलोमीटर की सड़क दिख रही थी, वो भी एक के ऊपर एक लूप बनाती हुई। कहाँ तो इस मोड़ के बाद चढ़ाई ख़त्म होने वाली थी, कहाँ अब लूप वाली चढ़ाई स्वागत के लिये तैयार खड़ी है। मैंने उन मोटरसाइकिल वालों को पंचर होने वाला श्राप दिया, जिन्होंने कहा था कि मात्र चार किलोमीटर दूर है फोतू-ला।

शरीर ने मना कर दिया कि अब नहीं चलेंगे। लामायुरू से ठीक

नौ किलोमीटर दूर एक नाला है। इसी के किनारे बी.आर.ओ. की कुछ मशीनें हैं; उनकी रखवाली के लिये एक लद्दाखी तैनात था। एक छोटा-सा शेड था उसके लिये। मैंने उसी के पास टैंट लगाने का फैसला किया। वो लामायुरू का ही रहने वाला था। टैंट लगाने में उसने साथ दिया। टैंट लगवाकर वो अपने घर चला गया। सुबह पता चला कि उसकी पूरी रात की चौकीदारी की ड्यूटी थी। उसके जाने से मुझे एक नुकसान हुआ। अब मैं इस सन्नाटे में अकेला हो गया। रुकते समय सोचा था कि पड़ोस में यह भी रहेगा, भय कुछ कम लगेगा। इससे पहले मैं गुलाबा में सोया था, लेकिन वहाँ बगल में बी.आर.ओ. का पूरा का पूरा समुदाय था। उसके बाद नकीला के पास भी टैंट लगाया सन्नाटे में, लेकिन वहाँ सचिन साथ था। यहाँ मैं अकेला रह गया।

मुझे ऐसी सुनसान और सन्नाटी जगहों पर रात में भूत से डर लगता है। रात को सन्नाटे में जहाँ दूर-दूर तक कोई भी न हो, मुझे हर आवाज़ भूत की लगती है, हर तरफ़ भूत दिखाई भी देने लगते हैं। दिन में मैं भूतों के खिलाफ़ बोल सकता हूँ; भूत नहीं होते, इस बात को सिद्ध भी कर सकता हूँ, लेकिन रात को, वो भी ऐसी जगह पर मैं उनके खिलाफ़ सोच तक नहीं सकता। टैंट लगाते ही स्लीपिंग बैग में घुस गया और सुबह होने तक आँख नहीं खोली।

आज 70 किलोमीटर साइकिल चलायी।

सत्रहवाँ दिन - फोतू-ला से मुलबेक

20 जून 2013

यहाँ कोई पेड़-वेड़ तो थे नहीं कि टैंट पर छाँव पड़ रही हो। जब सूरज निकला तो निकलते ही आग बरसाने लगा। टैंट के अंदर यह आग और भी भयंकर लग रही थी। बाहर निकला तो शीतल हवाओं ने

स्वागत किया। फटाफट टैंट उखाड़ा। साढ़े आठ बज चुके थे। देखा काफ़ी सारे मज़दूर मुझे देख रहे हैं। वो लद्दाखी चौकीदार पता नहीं सुबह भी आया या नहीं, लेकिन अब नहीं था। मैंने मज़दूरों से उसके बारे मे पूछा तो बताया कि उसकी यहाँ चौकीदारी की रात की ही ड्यूटी होती है, दिन में वो अपने घर चला जाता है। असलियत शायद किसी को नहीं मालूम थी, लेकिन मैं जानता था कि वो पूरी रात अपने घर पर रहा था।

सवा नौ बजे यहाँ से चल पड़ा। फोतू-ला अभी भी आठ किलोमीटर है। चढ़ाई तो है ही और जल्दी ही लूप भी शुरू हो गये, लेकिन चढ़ाई मुश्किल मालूम नहीं हुई। फोतू-ला से करीब चार किलोमीटर पहले ख़राब सड़क शुरू हो गयी। इसका पुनर्निर्माण चल रहा था, फिर तेज हवाओं के कारण धूल भी काफ़ी उड़ती है। चढ़ाई भरे रास्ते पर जहाँ आपको अत्यधिक साफ़ हवा की आवश्यकता पड़ती है, यह धूल बहुत खतरनाक है।

प्यास लग रही थी, पानी था नहीं अपने पास। एक जगह एक कार खड़ी दिखी। मैं भी उनके पास साँस लेने के बहाने जा खड़ा हुआ। उन्होंने एक साइकिल वाले को देखकर आश्चर्ययुक्त पूछताछ करनी शुरू की। यहाँ मुझे पानी का एक इशारा करने भर की देर थी, भरी बोतल मिल गयी।

ग्यारह बजे 4088 मीटर ऊँचे फोतू-ला पर पहुँच गया। यह लेह-श्रीनगर रोड़ पर स्थित तीन दर्रों में सबसे ऊँचा है। यहाँ पहुँचकर बड़ी राहत मिली कि पहली ही बार में इस सबसे ऊँचे दर्रे को पार कर लिया। अब जो भी दर्रे मिलेंगे, इससे नीचे ही होंगे। यहाँ दूरदर्शन का एक प्रसारण केंद्र भी है।

फोतू-ला से 12 किलोमीटर आगे हानिसकोट गाँव है। रास्ता ढलानयुक्त है। कुछ ही नीचे उतरा था कि कुछ मोटरसाइकिल वाले मिले; लेह और आगे मनाली जा रहे थे। पूरी तरह ढका होने के कारण वे यह नहीं जान सके कि यह भारतीय है या विदेशी। उन्होंने विदेशी

फोतू-ला इस मार्ग का सबसे ऊँचा दर्रा है।

समझा। जब मैं ढलान पर तेजी से उतरता जा रहा था तो एक ने चिल्लाकर दूसरे से कहा - ''ओये, इसे रोक, साइकिल वाले को; बातचीत करेंगे।'' हम भारतीयों की आदत है कि हम विदेशियों के बारे में आपस में तो खूब बात कर लेते हैं, लेकिन उनसे सीधे बात करना पसंद नहीं करते; कभी-कभी अपवाद भी मिल जाते हैं। उनके लिये मैं अभी तक विदेशी ही था। किसी ने मुझे रुकने को नहीं कहा, बल्कि मैं खुद ही रुक गया। मेरे रुकते ही सब मेरे पास आ गये और पूछने लगे - ''सर, यू आर फ्रोम?'' मैंने अपने उसी ठेठ लहजे में कहा - ''भाई, दिल्ली।'' हँसी का फव्वारा फूट पड़ा और कहने लगे - ''धीरे का झटका जोर से लगा।''

वे भी दिल्ली के ही थे। सबके पास बड़ी-बड़ी मोटरसाइकिलें थीं, फिर भी कह रहे थे कि उनकी हालत ख़राब हुई जा रही है। चढ़ाई पर मोटरसाइकिलें बहुत तंग करती हैं, चढ़ती ही नहीं हैं; पता नहीं तुम कैसे साइकिल चढ़ा लेते हो? सभी ने मेरे और साइकिल के साथ फोटो खींचे।

हानिसकोट से 9 किलोमीटर आगे बौद्ध खारबू है। यह जगह कारगिल जिले में है। लद्दाख में दो जिले हैं - लेह और कारगिल। लेह जहाँ बौद्ध प्रधान है, वहीं कारगिल मुस्लिम प्रधान। अब यदा-कदा मुसलमान भी दिखने लगे और लड़कियाँ भी सिर ढके मिलने लगीं; छोटी-छोटी बच्चियाँ भी। कारगिल जिले में खारबू नाम के दो गाँव हैं। यह बौद्ध खारबू है। दूसरा खारबू मुस्लिम प्रधान है और कारगिल-द्रास के बीच में है। मैं कल वहाँ से गुज़रूँगा।

बौद्ध खारबू 3500 मीटर की ऊँचाई पर है। गाँव में हरियाली है। आसपास के पहाड़ लद्दाखी हैं, यानी सूखे हैं। तेज धूप थी, आसमान में बादलों का नामोनिशान नहीं था, इसलिये पौने एक बजे जब यहाँ पहुँचा तो असहनीय गर्मी लग रही थी। सवा घंटा एक ढाबे में रुका रहा; भोजन व हल्की नींद ले ली।

बौद्ध खारबू के बीच से एक नदी बहती है जो आगे सिंधु में जाकर मिल जाती है। एक रास्ता भी सिंधु की तरफ़ गया है और उसी खालसी-बटालिक सड़क में जाकर मिल जाता है, जिसे मैंने कल देखा था। अगर हम इसी नदी के साथ-साथ इसी रास्ते पर चलते जायें तो उसी बटालिक वाले रास्ते पर पहुँच जायेंगे, लेकिन तब वहाँ जाने के लिये परमिट लेना पड़ता था, इसलिये कारगिल जाने के लिये अभी एक दर्रा और पार करना पड़ेगा - नामिक-ला।

बौद्ध खारबू से 7 किलोमीटर आगे खंगराल है। जहाँ तक रास्ता इसी नदी के साथ-साथ है, इसलिये ढलानयुक्त भी है। खंगराल से 11 किलोमीटर आगे नामिक-ला है। यह सारी दूरी चढ़ाई वाली है। सड़क अच्छी बनी थी।

मैं इसी सड़क पर धीरे-धीरे चल रहा था, तभी पीछे से एक मारुति आयी। मेरी स्पीड तकरीबन चार की रही होगी; मारुति पाँच की स्पीड से चल रही थी और मुझसे आगे निकल गयी। कुछ गड़बड़ थी उसमें। पूरा एक परिवार बैठा था। कुछ दूर जाकर वो एक मोड़ पार करके नज़रों से ओझल हो गयी। मैं उस मोड़ पर पहुँचा तो देखा बेचारी

रुकी खड़ी है। यात्री बाहर निकलकर टहल रहे हैं। एक किलोमीटर ही आगे गया होऊँगा कि फिर से मारुति आगे निकल गयी, उसी चिर-परिचित स्पीड से। कुछ देर बाद पुनः मैंने उसे पछाड़ दिया, जब वो आराम कर रही थी। ऐसा तीन बार हुआ। तीसरी बार तो यात्री जब निकले, मेरी तरफ एक मुस्कान छोड़ते हुए गये, और जब मैं उनसे आगे निकला तो मैं भी मुस्कान छोड़ता हुआ गया। तीन बार ऐसा होने से लगा कि साइकिल और मारुति की रेस हो रही है - कभी साइकिल आगे, कभी मारुति आगे। अंत में मारुति आँखों से हमेशा के लिये ओझल हो ही गयी।

चार बजे जब 3600 मीटर का लेवल पार कर लिया और नामिक-ला छह किलोमीटर रह गया तो साइकिल चलाना मुश्किल होने लगा। यह उच्च पर्वतीय बीमारी थी भी और नहीं भी। क्योंकि मैं लगातार 4000 मीटर से ऊपर साइकिल चलाता आ रहा था, आज सुबह सफलतापूर्वक फोतू-ला भी पार कर लिया, फिर यहाँ कम ऊँचाई पर मुश्किल क्यों? असल में शरीर ने मना कर दिया था। शरीर बहुत थक गया था। आज जब से चलना शुरू किया, चढ़ाई ही चढ़ाई रही। अगर फोतू-ला से बौद्ध खारबू तक घंटे भर की उतराई को छोड़ दें तो। फिर ज़ालिम मौसम... शरीर बुरी तरह थक चुका था, आराम की सख्त ज़रूरत थी। जैसे-जैसे नामिक-ला नज़दीक आता गया, शरीर मना करता गया। आख़िरकार दो किलोमीटर पहले ऐसे हालात हो गये कि पैदल चलना पड़ा।

पाँच बजे नामिक-ला पहुँचा। इसकी ऊँचाई 3820 मीटर है। यहाँ लगे सूचना पट्ट पर इसकी ऊँचाई 12198 फीट लिखी है जिसका अर्थ है 3718 मीटर, जबकि मेरा जी.पी.एस. इसे 3820 मीटर बता रहा था; अपने मोबाइल की बात मानूँगा मैं।

यहाँ एक अदभुत नज़ारा दिखता है। एक दिशा में कुछ दूर तक रेतीले पहाड़ हैं, फिर उनके बाद विशाल चट्टानी पहाड़; देखने में बड़ा अदभुत लगता है यह।

दर्रे पार करके वैसे तो उतराई आती है, लेकिन नामिक-ला इसका अपवाद है। करीब दो किलोमीटर तक बिल्कुल भी उतराई नहीं है बल्कि मामूली-सी चढ़ाई है। मेरे मोबाइल ने दो किलोमीटर आगे ऊँचाई बतायी - 3823 मीटर यानी नामिक-ला से ऊँचा। इसके बाद तेजी से उतराई आती है। सड़क अच्छी है, मज़ा आता है साइकिल चलाने में। एक बार तो चार-पाँच किलोमीटर तक एक मेटाडोर से आगे निकलने की जुगत में रहा, लेकिन अपनी हैसियत को देखते हुए ब्रेक लगा-लगाकर उसके पीछे ही रहना पड़ा।

मुलबेक से तीन किलोमीटर पहले वाखा है। मुझे यहाँ मुसलमान ही दिखाई दिये। अभी तक लेह में ही थोड़े-बहुत मुसलमान दिखे थे। यानी अब मुसलमानों की शुरूआत हो गयी। उधर तीन किलोमीटर आगे मुलबेक है, जो बौद्धों का आख़िरी गाँव है। वाखा-मुलबेक मुस्लिम-बौद्ध सीमा है। कारगिल की तरफ बढ़ेंगे तो मुसलमान और लेह की तरफ जायेंगे तो बौद्ध।

3250 मीटर की ऊँचाई पर बसे मुलबेक में पौने सात बजे एक गेस्ट हाउस में कमरा लिया। चार सौ से कम करके तीन सौ में मिल गया। यहाँ कई गेस्ट हाउस हैं, जहाँ तीन, चार और पाँच सौ तक के रेट हैं। इससे पहले एक और गेस्ट हाउस में गया था, वो पाँच सौ कह रहा था; मैंने तीन सौ के लिये कहा, तो चार सौ तक आ गया था, उससे नीचे नहीं। उसी ने बताया कि मुलबेक से एक किलोमीटर नीचे कई गेस्ट हाउस हैं, वहाँ अगर इससे कम में मिल जाये तो कहना। उसने यह भी शर्त रखी कि आख़िरकार आपको लौटकर मेरे पास ही आना पड़ेगा। ऐसी नौबत नहीं आयी क्योंकि तीन सौ में मिल गया था।

मुलबेक में बुद्ध की एक विशालकाय मूर्ति है, जो बड़ी चट्टान पर बनायी गयी है। शुक्र है कि धर्म-परिवर्तन के समय मुसलमान लद्दाखियों ने इसे बख़्श दिया। मुलबेक इसी के कारण प्रसिद्ध है। गेस्ट हाउस जाते समय यह मेरे रास्ते में पड़ी थी; सोचा कि सुबह इसे देखूँगा, लेकिन रात किये वादे सुबह किसे याद रहते हैं?

आज 59 किलोमीटर साइकिल चलायी, जिसमें दो दर्रे फोतू-ला और नामिक-ला भी पार किये। दूरी तो खैर ज्यादा नहीं है, लेकिन सोचकर रोमांच हो आता है कि साइकिल से एक ही दिन में दो दर्रे पार कर लिये - वो भी 4100 मीटर व 3800 मीटर ऊँचे।

अट्ठारहवाँ दिन - मुलबेक से शम्शा

21 जून 2013

हमेशा की तरह आराम से सोकर उठा। आज आराम कुछ भारी पड़ सकता है, क्योंकि बताया गया कि आगे कारगिल के बाद सिर्फ़ द्रास में ही रुकने का इन्तज़ाम है। यहाँ से कारगिल 40 किलोमीटर और द्रास 100 किलोमीटर है। पूरी यात्रा में मैं कभी भी इतनी दूर तक साइकिल नहीं चला सका। चढ़ाई तो छोड़िये, ढलान पर भी नहीं। आज कहीं भी ढलान नहीं है; अपवादस्वरूप कारगिल तक यदा-कदा ढलान मिल सकता है, उसके बाद जोजी-ला तक तो कतई नहीं। तो सीधी-सी बात है कि कारगिल चार घंटों में पहुँच जाऊँगा, लेकिन किसी भी हालत में द्रास नहीं पहुँच सकूँगा। अँधेरे में मैं साइकिल नहीं चलाया करता।

आज की एक और भी समस्या है। मुझे यात्रा शुरू करने से पहले ही बताया गया था कि कारगिल और द्रास के बीच में करीब पंद्रह किलोमीटर का रास्ता ऐसा है जो पाकिस्तानी सेना की फायरिंग रेंज में आता है। इस यात्रा पर आने से पहले एक यात्रा विवरण को पढ़ा था। वे चूँकि मोटरसाइकिल पर थे, लेकिन उन्होंने लिखा था कि इस रास्ते पर उन्हें कोई होश नहीं था, सिवाय जल्दी से जल्दी इसे पार कर लेने के। फिर यह रास्ता चढ़ाई भरा है। पंद्रह किलोमीटर ;यानी मुझे चार घंटे लगेंगे। मैं इसी को सोच-सोचकर डरा जा रहा था। यहाँ तक भी सोच लिया था कि इस रास्ते को किसी ट्रक में बैठकर पार करूँगा।

नाश्ता-वाश्ता करके साढ़े नौ बजे यहाँ से चल पड़ा। सीधे तौर पर मैं कम से कम दो घंटे विलंब से चला। शुरू में तो सड़क अच्छी है, लेकिन उसके बाद ख़राब मिलने लगी। जगह-जगह काम भी चल रहा था, इसलिये तेज धूप में धूल-धक्कड़ का भी सामना करना पड़ा।

पूरी घाटी आबादी वाली है। एक के बाद एक गाँव मिलते गये और लद्दाख की इस मरुस्थलीय धरती पर हरियाली भी दिखती गयी। अभी तक यही देखता आया था कि जहाँ भी हरियाली मिले, समझो कि गाँव है। मुलबेक के बाद बौद्ध ख़त्म हो गये, मुसलमान शुरू हो गये। बौद्धों की पारिवारिक आबादी कम होती है, मुसलमानों की ज्यादा। उसका असर यहाँ साफ़ दिखाई देने लगा था। रहन-सहन और पहनावे के स्तर में गिरावट आने लगी थी।

अगर आप नदी के बहाव के साथ-साथ चल रहे हों, तो ढलान ही मिलेगा। अपवादस्वरूप यदा-कदा चढ़ाई भी मिल जाती है, ऐसा ही यहाँ हुआ। कारगिल तक रास्ता नदी के साथ-साथ है, इसलिये ढाल है। मुलबेक 3250 मीटर की ऊँचाई पर है और कारगिल 2650 मीटर पर।

कारगिल से पाँच किलोमीटर पहले ऊँचाई 2900 मीटर है, और लग भी नहीं रहा था कि कारगिल जाने के लिये इतना नीचे उतरना पड़ेगा। यह एक तरह से अच्छा ही था क्योंकि कारगिल के बाद फिर से चढ़ाई शुरू होने वाली है। लेकिन पाँच किलोमीटर पहले जब अचानक कारगिल घाटी दिखी तो सारी खुशियों पर पानी फिर गया। ऊँचाई 2900 से सीधे 2650 तक गिर गयी। इस ढाल पर चलने में अच्छा तो लगा, स्पीड भी मिली, लेकिन कारगिल के बाद की चढ़ाई सताने लगी। अगर यह उतराई न होती, तो कारगिल के बाद मैं इतनी चढ़ाई चढ़ने से बच जाता।

एक बजे कारगिल पहुँचा। सूरू नदी का पुल पार करके दाहिने रास्ता श्रीनगर जाता है और बायें पदुम। श्रीनगर की ओर चल पड़ा। यहाँ नेटवर्क मिला तो घर पर अपनी सलामती की सूचना दे दी।

शम्शा में जिस घर में लेखक ठहरा। सबसे बाएँ मुश्ताक अहमद।

आज जुम्मा था और यह समय जुम्मे की नमाज़ का होता है। मस्जिदों में अज़ान हो रही थी, भाषण भी हो रहे थे, फिर भी कारगिल के बाज़ार में काफ़ी भीड़ थी। यहाँ एक अलग मुखमुद्रा के लोग दिखने लगे, जिन्हें दार्द कहा जाता है। ये सिंधु के पास बटालिक की तरफ रहते हैं और ज्यादातर मुसलमान हैं।

कोई ढंग का होटल नहीं दिखा। होगा भी तो भीड़भाड़ की वजह से दिखा नहीं होगा। जरा-सी देर में कारगिल से आगे निकल गया। फिर से वही बंजर और वीरान इलाका। कारगिल में खाना खाना था, भूखा ही रह गया।

सड़क बेहद ख़राब और चढ़ाई भी। पैदल भी चलना पड़ा। सिंगल सड़क है, जिसके कारण यातायात वन-वे के तरीके से चलता है।

कारगिल सूरू नदी के किनारे बसा है और यह आगे सिंधु में जा मिलती है, लेकिन मुझे सिंधु तक नहीं जाना था। कारगिल से कुछ

आगे बायें से एक और नदी इसमें मिल जाती है। सड़क इस नदी के साथ-साथ हो लेती है और सूरू नदी को छोड़ देती है।

यह लेह-श्रीनगर मार्ग का अब तक का सबसे ख़राब हिस्सा था। कोई गाँव भी नहीं था, आबादी भी नहीं थी, जिससे खाने की संभावना जगे। एक पुलिस वाले से पूछा तो बताया कि पाँच किलोमीटर आगे खाना मिल जायेगा। बड़ी तसल्ली मिली।

कुछ आगे चला तो बी.आर.ओ. वाले दिखने लगे। इस पतली-सी सड़क को डबल बनाने का काम चल रहा था। रेतीले इलाके में सड़क बनेगी तो सड़क भी शुरूआती दौर में रेत का ढेर ही होगी, इसलिये साइकिल नहीं चलायी जा सकी। पैदल चलना पड़ा। इसी धूल-धक्कड़ के बीच एक ढाबा दिखा तो भूखे पेट में जान आयी। भरपेट राजमा-चावल खा लिये। उतने अच्छे तो नहीं बने थे, जितनी उम्मीद की थी, लेकिन भूखा बेचारा भरपेट हो गया।

पौने तीन बजे यहाँ आया था, साढ़े तीन बजे चल दिया। कारगिल से बीस किलोमीटर आ गया। द्रास अभी भी चालीस किलोमीटर था। इसी तरह का रास्ता मिला तो कल भी द्रास पहुँच जाऊँ तो गनीमत है।

खाना खाकर दो किलोमीटर चला कि शानदार सड़क आ गयी। यह नई बनी थी, इसलिये कोई गड्ढा तक नहीं और चौड़ी भी काफ़ी थी। कुछ दूर चलकर इस नदी में बायें से एक और नदी आकर मिल रही है। सड़क इस नई नदी के साथ-साथ चल पड़ी। यह नदी जोजी-ला से आती है। इसे द्रास नदी या द्रास नाला भी कहते हैं। जहाँ इन दोनों नदियों का संगम है, वहाँ नज़ारा बड़ा शानदार था। द्रास नदी पर एक छोटा-सा पुल भी था।

मैं कारगिल से काफ़ी आगे आ गया, लेकिन अभी तक पाकिस्तान की फायरिंग रेंज वाला इलाका नहीं मिला। किसी से पूछा भी नहीं। बाद में पता चला कि यह संगम ही वही इलाका है। द्रास नदी

तो ख़ैर जोजी-ला से आती है, लेकिन दूसरी नदी पाकिस्तान के नियंत्रण वाले इलाके से आती है और वह यहाँ से ज्यादा दूर भी नहीं है। कुछ ऊँची पहाड़ियों पर पाकिस्तान का नियंत्रण है तो यह इलाका उनकी फायरिंग रेंज में आ जाता है, लेकिन सड़क निर्माण के कारण वह सूचना पट्ट हटा दिया गया था जिस पर चेतावनी लिखी थी। अगर चेतावनी वाला बोर्ड मुझे दिख जाता तो कसम से, जान निकल जाती इसे पढ़ते ही। मैंने तो फायरिंग वाले इलाके में रुककर नज़ारे का आनंद भी लिया, पानी भी पिया और फोटो भी खींचे।

सवा पाँच बजे खारबू पहुँचा। यह 2800 मीटर की ऊँचाई पर है। यहाँ मुझे रुकने का इन्तज़ाम मिलने की उम्मीद थी। मैं पहले ही बता चुका हूँ कि मुलबेक के बाद सारा इलाका मुसलमानों का है, तो खारबू भी मुस्लिम है। छोटा-सा गाँव है। एक बूढ़े से रुकने की बाबत पूछा तो उसने मना कर दिया। निराश होकर थोड़ा आगे चलकर फिर रुक गया। अपने घर के सामने एक आदमी अपनी दो छोटी-छोटी प्यारी-प्यारी बच्चियों के साथ बैठा था। मैंने उससे भी रुकने के लिये पूछा, तो उसका भी नकारात्मक उत्तर मिला। तभी बच्चियाँ मेरे पास आ गयीं और चॉकलेट माँगने लगीं। मैं वैसे तो रास्ते में मिलने वाले बच्चों की आदत ख़राब नहीं किया करता, लेकिन वे इतनी प्यारी थीं कि मैंने दोनों को दो-दो टॉफियाँ दे दीं।

अब आख़िरी विकल्प था मेरे पास, आपातकालीन विकल्प; टैंट लगाऊँगा। रास्ते में थोड़ी-थोड़ी दूरी पर बी.आर.ओ. के ठिकाने मिलते रहते हैं। आगे जहाँ भी ऐसा ठिकाना मिलेगा, उसके पास ही टैंट लगा लूँगा।

अच्छी सड़क, लेकिन चढ़ाई। सायंकालीन समय, पश्चिम की ओर जाती सड़क, फिर बराबर में नदी। यह एक ऐसा कुदरती तोहफ़ा था कि सारी निराशाएँ ख़त्म हो गयीं।

खारबू से आठ किलोमीटर आगे एक गाँव मिला - शम्शा। दूर से एक साइकिल वाले को आता देखकर कुछ बच्चे दौड़े आये और हेलो

हेलो कहते गये। मैं लेह से ही ऐसे वाकयों से परिचित था। चढ़ाई चढ़ते समय जबकि मुझे साँस चढ़ रही हो, पसीना आ रहा हो और मैं चढ़ाई को कोस रहा होऊँ, ऐसे समय में ये बच्चे मुझे दुश्मन लगते। दूर से हँसते हुए आते, चॉकलेट माँगते, हाथ मिलाने को कहते, नाम पता पूछते। ऐसा एकाध बार हो तो ठीक, लेकिन बार-बार कई-कई दिनों तक ऐसा ही होता रहे, तो बच्चों को देखते ही गुस्सा आने लगता। अब तक मैंने इन पर ध्यान देना बंद कर दिया था और उनकी किसी भी बात का जवाब नहीं देता था। काले चश्मे के अंदर से इन बच्चों पर भी कड़वी निगाह डालता मैं बिना रुके आगे निकल गया।

शम्शा से आगे निकल आया। बिल्कुल सुनसान में एक दस-बारह साल का लड़का खड़ा मिला। उसने मुझे रुकने का इशारा किया। पता नहीं किस बला के वशीभूत होकर मैं रुक गया; साँस लेने व सुस्ताने के लिये रुकना भी था। उसने पूछा - "कहाँ जाओगे?"

मैंने कहा - "श्रीनगर।"

बोला - "आज कहाँ रुकोगे?"

मैंने कहा - "आगे रुकूँगा बी.आर.ओ. के कैंप के पास।"

बोला - "वो तो पाँच-छह किलोमीटर आगे है; अँधेरा हो जायेगा वहाँ पहुँचते-पहुँचते, आप हमारे घर चलो।"

यह सुनते ही मेरे कान खड़े हो गये। सुना था कि पहाड़ों में सुनसान इलाकों में भूत होते हैं, जो दिन में तो दिखते नहीं, लेकिन रात को दिख जाया करते हैं। मैंने तुरंत उसके पैरों की तरफ देखा। पैर तो ठीक थे; आगे की ओर ही थे और ज़मीन पर भी टिके थे। सुन रखा था कि भूतों के पैर उल्टे होते हैं और ज़मीन से कुछ ऊपर होते हैं। मन ही मन में हनुमान जी को याद करने लगा। हनुमान-चालीसा याद होती तो शायद मैं इसे बोल-बोल कर दोहराने भी लगता।

मैंने पूछा - "कहाँ है तुम्हारा घर?"

"वहाँ ऊपर पहाड़ी पर।"

"घर में और कौन-कौन हैं?"

"माँ-बाप और भाई बहन।"

"वे तेरी पिटाई तो नहीं करेंगे?"

"नहीं, बिल्कुल नहीं।"

"पहले भी तुम्हारे यहाँ कोई इस तरह आया है?"

"नहीं, लेकिन नीचे आये हैं; हमारा घर ऊपर है, तो कोई जाता नहीं।"

"पैसे कितने लोगे?"

"पैसे? आप हमारे यहाँ मेहमान बनकर चलोगे; मेहमानों से पैसे नहीं लिया करते।"

मैं सहमत हो गया। साइकिल से भारी बैग खोला और उसने अपनी कमर पर लटका लिया, साथ ही साइकिल को ऊपर जाती पगडंडी पर धक्के भी लगाता गया।

"क्या नाम है तुम्हारा?"

"मुश्ताक अहमद।"

"कितने भाई-बहन हो?"

"हम छह भाई-बहन हैं, मैं दूसरे नंबर का हूँ; बड़ा भाई कारगिल में काम करता है।"

"पिताजी क्या करते हैं?"

"बाप? वो यहीं काम करता है खेतों पर; कुछ देर बाद आयेगा वो घर।"

अच्छा स्वागत हुआ मेरा उसके घर पर। घर अंदर से अच्छा बना

था, लेकिन छोटा; और सदस्य ज्यादा होने का असर साफ़ दिख रहा था। मैं इन छह भाई-बहनों के बारे में सोच रहा हूँ। गाँव के दूसरे घरों में भी ऐसी ही संख्या होगी। कारगिल जिला लद्दाख में आता है। चारों ओर रेतीले और बंजर पहाड़। गाँव-भर के आसपास ही हरियाली, खेत के नाम पर ज्यादा कुछ नहीं; क्या करेंगे ये बच्चे बड़े होकर?

जाते ही चाय के साथ रोटी मिली। फ़ीकी थी, मुझे अच्छी भी नहीं लगी, लेकिन एक रोटी तो खानी पड़ी। पता चला कि पढ़ाई तो अंग्रेजी में होती है, लेकिन उर्दू भी पढ़नी पड़ती है, जबकि लेह जिले में ऐसी बाध्यता नहीं है। लेह वाले लोग उर्दू के स्थान पर हिंदी पसंद करते हैं। उर्दू के कारण मुझे यहाँ भाषा की कोई समस्या नहीं आयी।

रात होने पर घर का मालिक भी आ गया। वो कुछ चिंतित-सा लग रहा था। बाद में पता चला कि वह इसलिये चिंतित है कि अतिथि को क्या खिलाया जाये। चावल बने थे और मीट। बच्चों को नहीं मालूम था कि इन पहाड़ों से बाहर ऐसे भी लोग रहते हैं जो मीट नहीं खाया करते, लेकिन बाप को मालूम था। उसने पूछा तो मैंने मीट खाने से मना कर दिया। यही उसकी चिंता का कारण था। उसने बताया कि घर में कुछ नहीं है। अब लड़के को नीचे भेजना पड़ेगा, ताकि थोड़ी-बहुत दाल ले आये। मैंने कहा कि कोई बात नहीं, मैं शाम भरपूर खाना खाकर आया था, फिर यहाँ रोटी भी खायी थी, इसलिये भूख नहीं है। लेकिन वह अतिथि को भूखा नहीं रख सकता था।

उनका यह अतिथि-प्रेम देखकर मुझे लगा कि आज मुझे मांसाहार करना पड़ेगा। अगर मैं कुछ नहीं खाऊँगा तो इन्हें भी बुरा लगेगा और ऐसा करना अतिथि का कर्तव्य भी नहीं है। आख़िर मुझे एक युक्ति सूझी। पूछा कि सुबह की कोई सब्जी बची है क्या? बोले कि हाँ, घास की सब्जी है आधी कटोरी, लेकिन मेहमान को हम बासी सब्जी नहीं देंगे। मैंने पूछा कि अंडे हैं? अंडे थे घर में। बस, बात बन गयी। मैंने आमलेट बनवा लिया और आग्रह करके वो आधी कटोरी घास की सब्जी भी ले ली। सबको चावल में मिलाकर खा गया। हमारे

यहाँ जैसे पालक बथुवा आदि होते हैं, इसी तरह वहाँ भी इसी तरह की एक घास होती है, जिसकी सब्जी बनायी जाती है।

जमीन पर ही गद्दे बिछ गये और रजाइयाँ ओढ़कर सो गया। गर्मी लग रही थी क्योंकि पता नहीं कितने दिनों में मैं इतना नीचे आया था।

आज साइकिल ने बड़ा तंग किया। गियर शिफ्टिंग मशीन गड़बड़ करने लगी; और गड़बड़ भी बुरे वक्त पर करती। जब भी चढ़ाई आती, न्यूनतम गति और पहले गियर की आवश्यकता पड़ती, तभी अपने आप दूसरा गियर लग जाता। कई बार ऐसा हुआ। संभवतः ख़राब सड़क पर अत्यधिक धूल मिट्टी के कारण उसमें यह ख़राबी आ गयी होगी।

उन्नीसवाँ दिन - शम्शा से मटायन

22 जून 2013

सुबह उठा तो बच्चों ने घेर लिया। पानी का मग्गा लाकर पकडा दिया। न चाहते हुए भी जाना पड़ा। शौचालय लद्दाखी तरीके वाला था। दो छोटे-छोटे कमरे होते हैं ऊपर नीचे। ऊपर वाले के लकड़ी के फर्श में एक बड़ा-सा छेद होता है, ताकि गंदगी नीचे गिरती रहे। साथ ही ऊपर वाले में मिट्टी का ढेर भी होता है जिसमें से थोड़ी-थोड़ी मिट्टी नीचे गिरा देते हैं। इससे गंदगी ढक जाती है, बदबू नहीं आती और वह बंजर मिट्टी खाद बन जाती है जिसे खेतों में डाल देते हैं।

मोटी-मोटी बड़ी-बड़ी रोटियाँ मिलीं चाय के साथ। घर की मालकिन ने आग्रह किया कि मैं लद्दाखी चाय पीऊँ - नमकीन चाय, जिसे बड़ी लंबी प्रक्रिया से गुज़रना पड़ता है। सही बात तो यह है कि मैंने आज तक यह लद्दाखी नमकीन चाय नहीं पी है, फिर भी मैंने मना कर दिया। मना करने के बाद दिमाग में आया कि पी लेनी चाहिये

थी।

मैं एक ही रोटी खा सका। भूख तो लगी थी, लेकिन स्वाद नहीं आया। एक तो फीकी रोटियाँ चाय के साथ, फिर कम से कम एक दर्जन आँखें भी देख रही थीं खाते हुए; ऐसे मुझसे खाया नहीं जाता। कल ही पता चल गया था कि करीब पाँच किलोमीटर आगे बी.आर.ओ. का कैंप है और वहाँ एक ढाबा भी है। सोच लिया कि वहाँ जाकर आलू के पराँठे खाऊँगा।

कल से मैं इनके आतिथ्य में हूँ। मुश्ताक ने कितनी खुशी से मुझे रास्ता चलते रोका और अपने घर लाया! यहाँ भी मेरी अच्छी ख़ातिरदारी हुई। हालाँकि कल मुश्ताक ने पैसे की बात करने से मना कर दिया था, लेकिन मेरा फ़र्ज़ है कि बच्चों को कुछ दूँ। ठीक है, मुश्ताक को सबके सामने दो सौ रुपये दे दूँगा। अगर अकेले में दे दिये तो यह बच्चे की आदत ख़राब करने के बराबर है; सबके सामने दूँगा तो ज्यादा बेहतर है।

लेकिन मैं पैसे नहीं दे सका। जेब में बड़े नोट थे, कंजूस और संकोची स्वभाव आड़े आ गया। अब इस बारे में सोचता हूँ तो अपनी क्षुद्रता का एहसास होता है और ग्लानि से भर जाता हूँ। यह एक ऐसी बात थी, जिसका कोई मोल नहीं था। इसके दो सौ तो क्या, पाँच सौ और हज़ार रुपये भी कम थे। जिस समय मुझे ऐसे ही किसी ठिकाने की सख्त आवश्यकता थी, मुश्ताक सामने आया। लद्दाख के बड़े हिस्से में भले ही होम-स्टे की संस्कृति चलन में हो, लेकिन इस हिस्से में यह बिल्कुल नहीं है। किसी अनजान व्यक्ति को अपने घर में ठहराना यहाँ के लिये निहायत ही नयी बात थी। मेरे जाने के बाद मुश्ताक के पिताजी ने शायद उसे डाँटा भी हो, लेकिन उस समय पता नहीं मुझे क्या हो गया था? बिना पैसे दिये ही निकल आया। आज इस घटना के बारे में सोचता हूँ तो बहुत ख़राब महसूस होता है।

नौ बजे यहाँ से चल पड़ा। कई बच्चे नीचे तक छोड़ने आये। नीचे दो लड़के और मिले; इसी गाँव के थे। उन्होंने साइकिल चलाने

की इच्छा ज़ाहिर की। सामान नहीं बाँधा था इसलिये चलाने दी। सवा नौ बजे यहाँ से चल पड़ा।

जिस स्थान को मैं पाँच किलोमीटर आगे मानकर चल रहा था, वो बी.आर.ओ. का कैंप एक किलोमीटर आगे ही मिल गया। आधा घंटा यहाँ रुका रहा और आलू के दो पराँठे खाये। यहाँ दो ट्रक वाले मिले। वे श्रीनगर जाने वाले थे। उन्होंने जोजी-ला का नाम लेकर डराने की कोशिश की। आग्रह किया कि उनके ट्रक खाली जा रहे हैं, साइकिल उनमें डाल दूँ। मैंने सधन्यवाद मना कर दिया कि मनाली से अब तक सात दर्रे पार कर चुका हूँ, जोजी-ला तो सबसे छोटा है, उसे भी पार कर लूँगा। फिर भी उन्होंने कहा कि हम कुछ देर बाद यहाँ से चलेंगे। रास्ते में कहीं मिलेंगे; अगर आपको साइकिल चलाने में परेशानी आये तो इसे ट्रक में डाल देना।

अब लद्दाखी परिदृश्य समाप्त होने लगा था। आख़िर जोजी-ला के उस पार तो हमारा हिमालयी परिदृश्य आरम्भ हो जायेगा। रोहतांग से आगे निकलकर लाहौल में प्रवेश किया था, उसी तरह का परिदृश्य यहाँ है। रेत ख़त्म हो गयी और चट्टानी पहाड़ आ गये, इनमें घास के मैदान भी दिखने लगे।

एक परिवर्तन और आया कि पानी प्रचुर मात्रा में मिलने लगा। सड़क अच्छी बनी है, इसलिये कहीं भी नाले पार नहीं करने पड़े। एक जगह तीन-चार लोग सड़क किनारे काम कर रहे थे। कश्मीरी थे, ज़ाहिर है मुसलमान थे। मैंने उनसे पूछा कि चश्मा आगे कितनी दूर है। उन्होंने कहा कि तीन किलोमीटर आगे है। चश्मा यानी पानी का स्रोत। मुझे बड़े जोर की प्यास लगी थी और बोतल खाली थी। साथ ही उन्होंने यह भी कहा कि हमारा लड़का पानी लाने गया है, कुछ ऊपर से; थोड़ी देर रुक जाओ। मैंने उन्हें बोतल दे दी कि जब वो पानी ले आये तो इसे भर देना। इस दौरान हम बातें करते रहे। जब लड़का पंद्रह मिनट तक नहीं आया तो मैंने बोतल वापस माँगी कि आगे तीन किलोमीटर दूर चश्मा है, वहाँ से भर लूँगा। उन्होंने बोतल देने से मना

कर दिया कि आपको बिना पानी के नहीं जाने देंगे। जल्दी मुझे भी नहीं थी, फिर भी मैं अभिभूत रह गया, उनकी यह भावना देखकर। कुछ ही देर में लड़का आ गया। भरपेट ठंडा पानी पिया और बोतल भी भर ली।

द्रास से छह किलोमीटर पहले तोलोलिंग पहाड़ी के नीचे युद्ध संग्रहालय है। इसे कारगिल युद्ध की याद में बनाया गया है। इसे देखना आवश्यक था। मैंने सोचा था कि यह द्रास में ही होगा, लेकिन जब अचानक दाहिने हाथ की बराबर से यह निकल गया तो संयोग से दृष्टि पड़ गयी। संयोग इसलिये कह रहा हूँ कि यहाँ सेना की गतिविधि है। सैनिक गतिविधियों के स्थानों पर मेरी कोई दिलचस्पी नहीं होती। सड़क के किनारे कुछ 'सिविलियन' वाहन खड़े थे। क्यों खड़े हैं, शायद यही देखने के लिये मैंने संग्रहालय की तरफ़ निगाह घुमा ली हो। तुरंत साइकिल रोकी, एक तरफ खड़ी की और प्रवेश कर गया।

1999 की गर्मियों में पाकिस्तानी सेना ने भारतीय इलाके में घुसपैठ की। मश्कोह घाटी पर पूरी तरह कब्जा कर लिया और मश्कोह नदी पार करके ऊँची चोटियों पर भी चढ़ गये, जहाँ से श्रीनगर-लेह सड़क पूरी तरह पाकिस्तानियों के नियंत्रण में हो गयी। द्रास भी उनके कब्जे में आने ही वाला था। भारतीयों ने उनकी इस हरकत का करारा जवाब दिया और उन्हें मश्कोह घाटी से खदेड़ दिया, साथ ही तोलोलिंग और टाइगर हिल जैसी चोटियों को भी आज़ाद करा लिया। इसके अलावा बटालिक की तरफ़ भी लड़ाई हुई थी। कारगिल में कोई लड़ाई नहीं हुई थी, लेकिन द्रास और बटालिक कारगिल जिले में होने के कारण इस युद्ध को कारगिल युद्ध कहा जाता है।

यह जानकारी मुझे बाद में मटायन में एक वृद्ध ने दी। उन्होंने बताया कि जोजी-ला से लेकर आगे द्रास और बटालिक तक का सारा भारतीय इलाका उनके नियंत्रण में आ गया था। हमें अपने घर-ज़मीन छोड़कर यहाँ से पलायन करना पड़ा; श्रीनगर चले गये। युद्ध समाप्त होने पर वापस लौटे तो न ज़मीन मिली, न घर। ज़मीन पर बारूदी

सुरंगें थीं और घर युद्ध में तबाह हो गये थे। धीरे-धीरे बारूदी सुरंगें हटायीं, खेत मिल गये। सेना ने ही घर भी बनवाये।

मैंने पूछा कि मश्कोह नदी पर तो कोई पुल नहीं था और उसका बहाव भी तेज है, फिर मश्कोह के उस तरफ का इलाका भी काफ़ी दूर तक भारतीय है, तो क्या वहाँ भारतीय तैनाती नहीं थी? इतने सारे हथियार कैसे उन्होंने मश्कोह पार कराये और टाइगर हिल जैसी जगहों पर ले गये? उसने बताया कि यह आज भी एक रहस्य है।

खैर, इसी युद्ध की याद में यह संग्रहालय बना है। इसका ज्यादा वर्णन करने की आवश्यकता नहीं है। विभिन्न रेजीमेंटों का परिचय, उनके शहीद हुए जवानों के नाम, युद्ध के दौरान क्रियाकलापों, हथियारों आदि का अच्छा परिचय दिया गया है। प्रवेश करने का कोई शुल्क नहीं है।

संग्रहालय से छह किलोमीटर आगे द्रास कस्बा है। द्रास नदी और मश्कोह नदी के अलावा भी कई नदियों के संगम यहाँ हैं। काफ़ी चौड़ी घाटी है यह। मैदानी भागों में चरागाह हैं, जहाँ भेड़ें और गायें चर रही थीं।

ढाई बजे द्रास पहुँचा। एक होटल में खाना खाया और साढ़े तीन बजे यहाँ से चल पड़ा। लेह में जब कार्यक्रम बनाया था तो उसके अनुसार आज यहीं रुकना था, लेकिन समय बच गया और आगे भी गाँव मिलेंगे, यह जानकर आगे बढ़ चला। यहाँ से मटायन 21 किलोमीटर है। आज वहीं रुकूँगा।

द्रास प्राकृतिक दृष्टि से काफ़ी समृद्ध है। कश्मीर और सोनमर्ग जाने वाले हर पर्यटक और घुमक्कड़ को द्रास भी जाना चाहिये। था कभी यह असुरक्षित, लेकिन अब ऐसा नहीं है। आज के समय में द्रास कश्मीर के विपरीत पूर्ण रूप से शांत है। यहाँ से एक रास्ता अंबा-ला के रास्ते भी कारगिल जाता है। वैसे तो यह राष्ट्रीय राजमार्ग भी कारगिल वाला ही है, जिससे मैं आया था, लेकिन एक नया रास्ता भी

कारगिल के लिये बनाया गया है। अंबा-ला वाला वह रास्ता या तो इसके मुकाबले लंबा है, या फिर बेहद ख़राब कि उससे कोई नहीं जाता।

द्रास दुनिया का दूसरा सबसे ठंडा आबादी वाला स्थान है। पहला स्थान कहीं साइबेरिया में है। 9 जनवरी 1995 को यहाँ शून्य से 60 डिग्री नीचे तापमान रिकार्ड किया गया। आज भी सर्दियों में लेह से कारगिल तक दो सौ किलोमीटर की सड़क खुली रहती है, लेकिन द्रास अत्यधिक शीत और हिम के कारण कट जाता है। मुझे यात्रा शुरू करने से पहले एक खौफ़ भी था कि इस जून में भी द्रास में सर्दी लग सकती है, लेकिन ऐसा कुछ नहीं हुआ। धूप निकली थी, मौसम साफ़ था; गर्मी ही लग रही थी।

मश्कोह घाटी द्रास का मुख्य आकर्षण है। यह ट्रेकिंग के लिये प्रसिद्ध है। इस घाटी में जाने के लिये परमिट लेना पड़ता है जो द्रास से ही मिल जाता है। अगर मश्कोह नदी के साथ-साथ चलते जायें तो काओबल गली दर्रा पार करके किशनगंगा नदी की घाटी में प्रवेश कर जाते हैं। यही किशनगंगा आगे पाकिस्तान चली जाती है और वहाँ यह नीलम नदी व नीलम घाटी के नाम से प्रसिद्ध है। श्रीनगर से भी एक दर्रा पार करके किशनगंगा घाटी में जाया जा सकता है। सुना है कि अब द्रास किशनगंगा घाटी से सड़क मार्ग से जुड़ गया है, हालाँकि यह सड़क अभी नक्शों में नहीं दिखायी जाती है। अगर ऐसा है तो घुमक्कड़ों के लिये भारत के सीमांत का एक और इलाका भ्रमण के लिये खुल जायेगा।

शम्शा 2860 मीटर की ऊँचाई पर है, जबकि द्रास 3085 मीटर पर। द्रास के बाद भी हल्की-हल्की चढ़ाई जारी रहती है। आज मटायन में रुकना है, जो यहाँ से 21 किलोमीटर दूर है। संग्रहालय में मटायन की कुछ तस्वीरें देखी थीं जिनसे पता चला कि मटायन एक बड़ा समतल मैदान है। वहाँ भी अच्छा खासा युद्ध हुआ था। मटायन भी पाकिस्तानियों की सीधी दृष्टि में था।

मटायन के बच्चे

पूरा रास्ता नदी के साथ-साथ है। नदी भी काफ़ी चौड़ी घाटी बनाकर बहती है, इस कारण बड़े-बड़े चरागाह बन गये हैं, जहाँ गड़रिये अपने-अपने 'कुनबे' के साथ डेरा जमाये रहते हैं। लद्दाख के सूखे पहाड़ों से आया था, यहाँ की हरियाली आँखों को अच्छी लग रही थी, हालाँकि पेड़ अभी भी नहीं आये थे। जोजी-ला पार करने के बाद पेड़ दिखेंगे। यह हिमालय और लद्दाख का मिलन स्थल भी है।

साढ़े छह बजे मटायन पहुँचा। छोटा-सा गाँव है और मुसलमान आबादी होने के कारण मस्जिद भी है। सड़क किनारे ही दो दुकानें दिखीं। बच्चों ने रोक लिया। मुझे रुकना था ही। पता चला कि गाँव में कहीं भी रुकने का इन्तज़ाम नहीं है। मैंने बच्चों को गाँव में भेज दिया, ताकि कहीं शम्शा जैसा ही इन्तज़ाम मिल जाये किसी के घर में। असफल रहने पर टैंट लगाने का फैसला किया। बच्चों की सलाह पर सड़क किनारे एक खेत में टैंट लगा दिया। टैंट लगाने में मेरा हाथ कम, बच्चों का ज्यादा रहा। बाद में उनके फोटो भी खींचे, सभी खुश हो गये।

साढ़े छह बजे मटायन पहुँचा था। यह स्थान समुद्र तल से 3225 मीटर की ऊँचाई पर है। एक ढाबे पर गया। बताया कि वहाँ सिर्फ चाय और आमलेट ही मिल सकते हैं, रोटी या चावल-सब्जी नहीं। मेरे लिये इतना भी काफ़ी था। चाय आमलेट से ही पेट भर लिया।

बीसवाँ दिन - मटायन से श्रीनगर

23 जून 2013

पौने आठ बजे मैं चलने को तैयार हो गया। खाने का अगला ठिकाना सोनमर्ग में बताया गया, यानी कम से कम 40 किलोमीटर दूर, इसलिये यहाँ भरपेट खाकर चला। आमलेट और चाय के अलावा कुछ नहीं था, इसलिये चार अंडों का आमलेट बनवा लिया।

आज इस यात्रा का आख़िरी दर्रा पार करना था - जोजी-ला। मेरे पास लेह-श्रीनगर मार्ग का नक्शा और डाटा उपलब्ध नहीं था, इसलिये नहीं पता था कि जोजी-ला कितनी ऊँचाई पर है और कितना दूर है। किलोमीटर के पत्थरों पर गुमरी नामक स्थान की दूरियाँ लिखी आ रही थीं। यानी गुमरी जाकर पता चलेगा कि जोजी-ला कितना दूर है। मटायन से गुमरी 16 किलोमीटर है।

चढ़ाई है ज़रूर, लेकिन मामूली ही है। हर आठ-नौ मिनट में एक किलोमीटर चल रहा था, यानी सात-आठ किलोमीटर प्रति घंटे की स्पीड थी। इस स्पीड़ का अर्थ यही है कि चढ़ाई है, लेकिन तीव्र नहीं है।

सड़क अच्छी ही बनी थी और आसपास के चरागाहों में पशुपालक भी अपनी उपस्थिति बनाये रखे हुए थे। हरियाली तो थी ही। थकान बिल्कुल नहीं हुई।

दस बजे गुमरी पहुँच गया। यहाँ एक छोटा-सा मंदिर है और सेना का ठिकाना है। गाँव नहीं है। यहाँ भी पता नहीं चला कि जोजी-ला कितना दूर है। यह दर्रा काफ़ी लंबा है। मुझे याद है कि जब मैं इसे गूगल मैप पर देख रहा था तो मटायन गाँव भी दर्रे में ही दिखाई देता था। बहुत लंबा है यह। एक से पूछा भी कि जोजी-ला कितना दूर है तो वही अपेक्षित जवाब मिला कि आने ही वाला है। मैं बेचैन था इसे पार करने को, क्योंकि इसे पार करते ही मुझे हमेशा के लिये चढ़ाइयों से छुटकारा मिलने वाला था। यह आख़िरी दर्रा है, इसके बाद श्रीनगर तक ढलान ही मिलेगा।

ईंटों वाली सड़क शुरू हो गयी। चढ़ाई घटते-घटते नाममात्र की रह गयी। सामने कुछ दूर बर्फ़ पर बहुत से पर्यटक खेलते दिखायी दिये। यहाँ एक फौजी जिप्सी सड़क से हटकर कुछ ऊपर खड़ी थी। मैंने साइकिल रोकी। उसमें जो फौजी था, हरियाणा का था; मैंने उससे मस्ती करते हुए बातचीत शुरू की - "रै भाई, गाड्डी ऊप्पर क्यूँ टाँग राक्खी सै?"

बोला - "याए कह थी, हमनै टाँग दी।"

मैंने पूछा - "न्यू बता, जोजिल्ला कितणी दूर सै?"

बोला - "तू खड्या कित सै? स्यामी देख, वो बोड दिक्खै? वो जोजिल्ला का ही बोड़ सै।"

मेरी खुशी का ठिकाना नहीं रहा। सौ मीटर दूर भी नहीं रहा जोजी-ला। एक ही झटके में मैं जोजी-ला पर पहुँच गया। बाकी के दर्रों के मुकाबले जोजी-ला बिल्कुल रूखा नज़र आया। एक टूटा हुआ सूचना-पट्ट जो काफ़ी दूर पड़ा था। इसके अलावा कुछ नहीं। कोई झंडियाँ भी नहीं। बाद में ध्यान आया कि यह मुसलमान 'देस' है। जोजी-ला हर तरफ से मुसलमानों से घिरा है, इसलिये न कोई मंदिर है, न झंड़ियाँ।

इसी के पास वो बर्फ़ थी, जहाँ पर्यटक खेल रहे थे। गौर से देखने

पर पाया कि इस बर्फ़ का कुछ हिस्सा पिघलकर द्रास नाला बन जाता है और कुछ हिस्सा सोनमर्ग की तरफ़ आती सिंध नदी। दोनों नदियों का उद्गम यही है।

एक बात और कि जोजी-ला नामक बिन्दु के बाद भी चढ़ाई जारी रहती है। मेरे जी.पी.एस. के अनुसार जोजी-ला की ऊँचाई 3436 मीटर है और कुछ आगे श्रीनगर की तरफ़ ऊँचाई 3510 मीटर तक पहुँच जाती है। लेकिन चूँकि जोजी-ला पार कर लिया, इसलिये यह चढ़ाई महसूस नहीं हुई।

कुछ तो सड़क ऊपर चढ़ी, कुछ सिंध नदी भी नीचे उतरी; शीघ्र ही सड़क-सिंध में आकाश-पाताल का अन्तर हो गया। जोजी-ला के बाद सड़क ख़राब मिलने लगी और कीचड़ भी। एक जगह तो सड़क पर भेड़ मरी पड़ी थी, जो ऊपर घास चरती हुई नीचे गिर पड़ी होगी।

हल्का-हल्का ढलान भी शुरू हो गया, लेकिन कीचड़युक्त सड़क के कारण ब्रेक से उंगलियाँ नहीं हटायी जा सकती थीं। इस ढलान ने मुझे अपूर्व खुशी दी। खुशी इस बात की थी कि अब कभी भी चढ़ाई का सामना नहीं करना पड़ेगा; नहीं तो पहले हमेशा उतराई का आनंद ख़त्म हो जाता था, जब सोचता था कि थोड़ी ही देर बाद कई दिनों के लिये फिर चढ़ाई शुरू होने वाली है।

सामने से हरिद्वार नंबर की एक कार आती दिखी। कोई बात नहीं, वे जोजी-ला की तरफ चले गये। दस मिनट बाद वे पीछे से आये और आगे निकल गये व रुक गये। तीन प्राणी बाहर निकले। करीब तीस साल का वंदित सक्सेना और उसके मम्मी-पापा। बातें हुईं। वे हैरान भी हुए मेरी हिम्मत को देखकर। रुड़की के रहने वाले थे और घर आने का आमंत्रण भी दिया। वंदित ने पसीने से भीगा हुआ हेलमेट लगाकर साइकिल चलाकर देखी; बड़ा गौरवान्वित महसूस किया। कुछ देर बाद वे चले गये। आज वे सोनमर्ग में रुकेंगे। इधर केवल जोजी-ला देखने आये थे। मैंने उन्हें सलाह दी कि द्रास ज्यादा दूर नहीं है; सोनमर्ग की टक्कर का है और शांत भी, लेकिन उन्होंने सोनमर्ग में

जोजी-ला दर्रा पार करना वाकई एक उपलब्धि है।

ही होटल बुक कर रखा था, इसलिये द्रास नहीं गये।

यहाँ से कुछ ही आगे चला कि वो नज़ारा देखा, जिसकी कल्पना तक नहीं की थी। सामने महाखड्ड दिखा। यह एक सँकरा-सा रास्ता है। इससे निकलते ही बिल्कुल पैरों के नीचे बालटाल दिखायी दिया। यहाँ सड़क है ही नहीं, बस चट्टानें काटकर किसी तरह एक गाड़ी के निकलने का रास्ता बनाया गया है। एक काम और किया है कि ऊपर नीचे दो सड़कें हैं। ये होनी तो वन-वे चाहिये थीं, लेकिन गाड़ी वाले किसी भी सड़क पर चल पड़ते हैं जिससे सामने से गाड़ी आने की दशा में बचने के लाले पड़ जाते हैं।

यह सड़क असल में 1947 में बनायी गयी थी, जब पाकिस्तान ने लद्दाख पर आक्रमण कर दिया था। भारतीय सेना जोजी-ला पर सीधे टैंक लेकर लड़ाई में कूद पड़ी थी; इसी वजह से लद्दाख बचा रह गया, अन्यथा आज वह पाकिस्तान के कब्ज़े में होता।

सड़क बनने से पहले यहाँ पैदल आवागमन होता था। ऐसा

लगता है कि आज ही चट्टान काटकर यह बनायी गयी हो। इससे ऊपर चढ़ना तो मुश्किल है ही, नीचे उतरना भी कम मुश्किल नहीं है। बीच-बीच में हालाँकि सुरक्षाबल तैनात हैं, लेकिन ऊपर से गिरते पत्थरों से सुरक्षा कौन कर सकता है? मनाली से अब तक की सारी यात्रा में सबसे ख़तरनाक हिस्सा मुझे यही लगा।

कपड़े पहले से ही गंदे थे, अब इतने गंदे हो गये कि मेरा भी मन नहीं था इन्हें पहने रखने का। साइकिल के सारे पुर्जे धूल की पर्तों से ढक गये थे। आवाज भी बहुत ज्यादा करने लगी। सोच लिया कि सोनमर्ग से पहले किसी नाले पर अपना मुँह भी धोऊँगा और साइकिल भी।

दूसरी तरफ बालटाल दिख रहा था। 28 तारीख से, यानी पाँच दिन बाद अमरनाथ यात्रा शुरू होने वाली थी। उसकी तैयारियाँ जोर-शोर से चल रही हैं। तंबू लग रहे हैं, भंडारों का काम चल रहा है। पार्किंग और हेलीपैड भी दिख रहा है। हेलीपैड़ में कोई हेलीकॉप्टर नहीं दिखा। यात्रा शुरू होते ही आ जायेंगे। जब बालटाल वाली सड़क भी इसमें आ मिली; भंडारों का सामान लेकर जाने वाले ट्रकों की कतारें भी मिलनी शुरू हो गयीं।

सवा दो बजे सोनमर्ग पहुँचा। इससे पहले एक नाले पर रुककर मुँह धो लिया था; साइकिल नहीं धो पाया। सोनमर्ग में पर्यटकों की भयंकर भीड़। जून में भीड़ तो होगी ही। यहाँ आधे घंटे रुककर दाल-चावल खाये। नेटवर्क मिला तो घर पर बता दिया कि कल श्रीनगर पहुँच जाऊँगा।

जब लेह से चला था तो कार्यक्रम के अनुसार आज सोनमर्ग रुकना था, लेकिन अभी भी तीन-चार घंटे हैं अपने पास; आगे बढ़ा जा सकता है। यहाँ से श्रीनगर 85 किलोमीटर है, इसलिये श्रीनगर पहुँचना तो असंभव है, लेकिन 23 किलोमीटर पर गुंड है और 45 किलोमीटर आगे कंगन। अगर ज्यादा मेहनत करूँ तो कंगन तक पहुँच सकता हूँ। आज कंगन में रुकूँगा।

पौने तीन बजे सोनमर्ग से चल पड़ा। अब हरियाली भी ज़बरदस्त है और पेड़ भी। अरसे बाद मुझे पेड़ देखने को मिले। लद्दाख में भी हैं पेड़, लेकिन वे कुदरत से लड़-भिड़कर लगाये गये हैं... कुदरत की मर्जी के बगैर। यहाँ सब कुदरती हैं। जी चाहता था कि आज यहीं रुक जाऊँ, लेकिन बीस दिनों की साइकिल यात्रा से इतना थक चुका था कि अब जल्दी से जल्दी यात्रा ख़त्म करने का विचार आने लगा। आज कंगन रुक जाऊँगा, कल दोपहर से पहले श्रीनगर पहुँच जाऊँगा; दोपहर बाद कश्मीर रेल में घूमने के बाद रात को श्रीनगर में विश्राम और अगली सुबह दिल्ली के लिये प्रस्थान, ऐसी योजना थी।

सवा चार बजे गुंड भी पार हो गया। अब सिंध घाटी चौड़ी होने लगी थी। आबादी भी लगातार मिलती जा रही थी; गाँव भी और खेत भी। खेतों में काम करते ग्रामीण। सभी मुसलमान। यहाँ एक दर्द भी महसूस हो रहा था; हिंदुओं को भगाये जाने का दर्द।

कभी यहाँ हिंदू भी रहते थे। सभी साथ रहते थे, साथ काम-धाम करते थे, ज़िंदगी जीते थे। मैं हैरान हूँ कि कैसे एक कश्मीरी ने अपने पड़ोसी को पलायन को मज़बूर कर दिया। ना, हमारे कश्मीरी, हमारे हिमालयवासी ऐसा नहीं कर सकते।

इसकी असल जड़ है पाकिस्तान। वहाँ से प्रक्षिशित घुसपैठिये आये, बेरोजगार कश्मीरियों को बरगलाया; पाकिस्तान ले गये; इस्लाम के नाम पर उन्हें कट्टर बनाया और छोड़ दिया अपने ही घर में कहर ढाने। पूरी घाटी हिंदुओं से खाली हो गयी। बाद में भारत ने शुद्धीकरण अभियान चलाया, जिससे लाखों भटके हुए कश्मीरी वापस मुख्यधारा में आये। आख़िर हिमालयवासी कब तक हिंसा कर सकता है? उन्हें अहिंसक होने का मौका दिया गया तो वे तुरंत आ गये। अब भी देश के बाकी हिस्सों की तरह यहाँ भी शैतानी तत्व मौजूद हैं; दंगा करते हैं, बाद में सेना को जवाबी कार्यवाही भी करनी पड़ती है और कर्फ्यू भी लगाना पड़ता है। फिर भी कश्मीर पर्यटकों और घुमक्कड़ों के लिये स्वर्ग है।

पौने छह बजे मैं कंगन में था। कुछ घंटों पहले सोचा था कि आज यहीं रुकना है। श्रीनगर अभी भी 40 किलोमीटर है। ब्रेक नहीं लगा सका। कंगन से आगे निकल गया। अब तक भूत सवार हो गया था, श्रीनगर पहुँचने का। मैं आज ही इस यात्रा को समाप्त करूँगा; कल के लिये एक किलोमीटर भी रास्ता नहीं बचाकर रखना है।

साढ़े छह बजे गंदरबल पहुँचा। यहाँ से श्रीनगर 22 किलोमीटर है। ढलान और अच्छी सड़क लगातार मेरे पक्ष में थे।

प्यास बड़े जोर की लगी थी। एक व्यस्त तिराहे पर पानी का नल दिखा तो तुरंत साइकिल एक खंभे से टिकाकर खड़ी कर दी। बराबर में एक दुकान पर तीन-चार लड़के खड़े थे। मैं बोतल में पानी भरने चला तो एक लपककर मेरे पास आया; बोतल हाथ से ले ली और बोला कि आप थक गये हो, दुकान पर बैठो, मैं पानी दे देता हूँ। वास्तव में मैं बहुत थक गया था। 100 किलोमीटर से भी ज्यादा साइकिल आज चला चुका था। उसका कहा तुरंत माना। दुकान की सीढ़ियों पर ही बैठ गया। बाकी लोग चिल्लाये कि अरे यहाँ मत बैठो, अंदर आ जाओ, कुर्सी पर बैठो; भला सीढ़ियाँ भी कोई बैठने की जगह हैं। मैं नहीं हटा तो वे भी मेरे पास बाहर आ गये।

काफ़ी बातें हुईं। दिल्ली से हूँ; मनाली से शुरू किया था, आज यहाँ ख़त्म कर दूँगा...। वे हर बात को बड़े गौर से सुनते रहे। उन्होंने आज अपने घर पर रुकने का निमंत्रण दिया, जिसे मैंने शालीनता से मना कर दिया, कहा कि कभी बाद में कश्मीर आना हो तो ये लो हमारा नंबर, हमारे घर पर चले आना बेधड़क। मुझे कश्मीर में इस व्यवहार की उम्मीद नहीं थी। गाँव की बात अलग होती है और दंगों से पीड़ित एक व्यस्त शहर की बात अलग।

आधे घंटे बैठकर यहाँ से चल पड़ा। फिर तो पता नहीं कहाँ-कहाँ से निकलते हुए और हज़रतबल के सामने से होता हुआ सीधे लालचौक की तरफ बढ़ चला। लालचौक के पास से ही जम्मू की गाड़ियाँ मिलती हैं। यहीं होटल ले लिया, ताकि कल मुझे ज्यादा न

चलना पड़े।

इक्कीसवाँ दिन - श्रीनगर से दिल्ली

24 जून 2013

कल जब मैं साइकिल से तेजी से लालचौक की तरफ़ बढ़ रहा था, तो इधर-उधर होटलों पर भी निगाह मारता चल रहा था। शेख लॉज दिखा। मैं यहाँ रुककर मोलभाव करना चाहता था, लेकिन तभी होटल के सामने खड़े एक कर्मचारी ने मुझे देख लिया। उसने मुझसे रुकने को कहा, शायद इसीलिये मैं रुका नहीं। चलता रहा। आधा किलोमीटर आगे ही गया था कि वही कर्मचारी मोटरसाइकिल पर आया और होटल चलने को कहने लगा। जाना पड़ा।

मैंने पहले ही उससे कह दिया था कि मुझे सबसे सस्ता कमरा चाहिये, फिर भी उसने आठ सौ वाला कमरा दिखाया। मैंने दाम पूछते ही मना कर दिया। फिर दिखाया सात सौ वाला। इसमें अटैच बाथरूम नहीं था। मैं पाँच सौ तक के लिये तैयार था, लेकिन वह कमरा छह सौ का मिल गया।

जब खाना खाने नीचे रेस्टॉरेंट में बैठा था, तो खाने में विलंब होता देख मैंने कहा कि ऊपर कमरे में पहुँचा देना। उसी कर्मचारी ने मुझे ऐसे देखा जैसे अजनबी को देख रहा हो। पूछने लगा कि कौन-से कमरे में? मैंने बता दिया तो उसकी आँखें आश्चर्यचकित लग रही थीं। बोला कि आप वही हो न, जो साइकिल से लद्दाख से आये हैं; आप तो नहाने के बाद बिल्कुल ही बदल गये, पहचान में ही नहीं आ रहे।

आज सुबह कश्मीर रेलवे में यात्रा करने की इच्छा थी। श्रीनगर से बारामूला और फिर वापस श्रीनगर; फिर काजीगुंड़, पुनः श्रीनगर। इस काम में दोपहर बाद हो जाती। एक बार सोचा कि सारा सामान लेकर चलता हूँ, काजीगुंड़ उतर जाऊँगा; वहाँ से किसी बस में या अमरनाथ

वाले किसी ट्रक में साइकिल को लाद दूँगा। फिर सोचा कि अगर ऐसा नहीं हुआ तो बुरी फ़जीहत हो जायेगी। श्रीनगर आना पड़ेगा।

सुबह उठा सात बजे, लेकिन थकान अभी भी इतनी ज्यादा थी कि कश्मीर रेल देखना रद्द करने में कोई समय नहीं लगा। फिर नौ बजे उठा। ग्यारह बजे मैं बस अड्डे पर था। पता चला यहाँ से जम्मू की आख़िरी बस निकल चुकी है। अब कल सुबह ही कोई बस मिल सकेगी। निराशा तो थी, लेकिन सूमो तैयार खड़ी थी जम्मू के लिये। जब मैं सूमो स्टैंड पहुँचा तो मात्र एक सवारी की ही आवश्यकता थी। साइकिल देखकर वे हिचक भी रहे थे, लेकिन साइकिल से उन्हें एक यात्री से भी ज्यादा पैसे मिलने वाले थे, इसलिये तैयार हो गये। श्रीनगर से जम्मू का किराया सात सौ है, जबकि साइकिल का बताया उन्होंने एक हजार रुपये, यानी कुल हुए सत्रह सौ रुपये। मैंने बिना मोलभाव किये पंद्रह सौ दिये; थोड़ी ना-नुकुर के बाद वे राज़ी हो गये। साइकिल, सूमो की छत पर बाकी यात्रियों के सामान के साथ बाँध दी गयी।

मैं चूँकि सबसे आख़िरी सवारी था, इसलिये सबसे पीछे वाली सीट मिली। यह बेहद असुविधाजनक होती है, फिर भी...।

कश्मीर की भीड़ भरी सड़क पर सूमो अपनी गति से चलती जा रही थी। हमारे निकलने के बाद इसी सड़क पर कहीं आतंकवादियों ने सुरक्षाबलों की एक चौकी पर हमला कर दिया और पाँच सैनिक शहीद हो गये। यह घटना मुझे सुबह दिल्ली पहुँचने पर पता चली।

काजीगुंड श्रीनगर से साठ किलोमीटर दूर है। यहाँ से आगे निकले तो सड़क के नीचे से रेलवे लाइन गुज़रती दिखी। यह निःसन्देह काजीगुंड-ऊधमपुर लाइन का हिस्सा थी। इसके बाद एक चेक-पोस्ट पर गाड़ी कुछ देर रुकी, फिर जवाहर सुरंग के लिये चढ़ाई शुरू हो गयी। काफ़ी चढ़ने के बाद सुरंग आयी। जैसे ही सुरंग से बाहर निकले, तो हम कश्मीर को पीछे छोड़ चुके थे। अब जम्मू तक यात्रा पर्वतों के बीच से होनी थी।

बनिहाल में खाना खाने के लिये रुके। एक निहायत घटिया मुस्लिम होटल पर उसने गाड़ी रोकी। पता नहीं बाकी यात्री कैसे खा सके, मेरा मन उस होटल में घुसने का भी नहीं हुआ। मैंने खाना नहीं खाया। हालाँकि सामने हिंदू होटल, वैष्णों होटल व पंजाबी होटल भी थे, लेकिन उनकी भी हालत ज्यादा अच्छी नहीं थी।

मेरी आँखें लगातार रेलवे लाइन को ढूँढ़ती जा रही थीं। बनिहाल में कुछ नीचे स्टेशन दिखाई पड़ा। स्टेशन के नाम का चकाचक पीला बोर्ड लगा दिखा, हालाँकि नाम नहीं पढ़ा जा सका। ऐसा लगा कि यहाँ रेलवे लाइन का सारा काम पूरा हो चुका है। कहीं कोई अधूरा निर्माण कार्य नहीं दिखायी पड़ा। मैं खुश हो गया कि अब कश्मीर बाकी देश से जुड़ने से ज्यादा दूर नहीं है। यहाँ काम पूरा होने का अर्थ था बनिहाल सुरंग भी पूरी हो गयी है। उस समय मालूम नहीं था कि चार दिनों बाद ही तत्कालीन प्रधानमंत्री मनमोहन सिंह इस सुरंग का उद्घाटन करने आने वाले हैं।

आज जब आप इसे पढ़ रहे हैं, ख़बर यह है कि बनिहाल सुरंग के दोनों तरफ ट्रेन चलने लगी है। पहले काजीगुंड तक ट्रेन चलती थी, अब बनिहाल तक चलती है; इसके और आगे बढ़ने की जल्द ही उम्मीद है।

चेनाब नदी तक ढलान है। नदी पार करके फिर से चढ़ाई शुरू हो जाती है। यह पटनीटॉप की चढ़ाई है। पटनीटॉप के बाद जम्मू तक फिर उतराई ही उतराई है।

जम्मू पहुँचा तो अँधेरा हो चुका था। अब मुझे साइकिल को बस पर लादना था। मेरी इच्छा किसी भी सरकारी बस से जाने की थी, लेकिन ऐसा नहीं हो सका। बाहर प्राइवेट बस वाले खड़े थे। मैंने मात्र जिज्ञासावश पूछ लिया कि साइकिल का कितना किराया लगेगा? उसने बताया तीस रुपये। यह महज़ एक जाल था, जिसमें मैं फँसता चला गया। यह ज़िंदगी की सबसे घटिया बस यात्रा थी। इस यात्रा का इससे ज्यादा उल्लेख करके लद्दाख साइकिल यात्रा की उपलब्धियों

का आनंद कम नहीं करना चाहता।

दिल्ली पहुँचा। लोहे के पुल से साइकिल ले जाने लगा तो वहाँ बैरियर लगे थे। यमुना भयंकर रूप से रौद्र रूप में थी; लेकिन साइकिल को कौन रोक सकता है?

रोहतांग दर्रे पर खड़ी साइकिल लाहौल का जायजा ले रही है।

बर्फीले ठंड़े पानी में पैदल चलकर निकलना वाकई बेहद कष्टकारी अनुभव है।

रोहतांग और बारालाचा पर जून के महीने में ऐसा रास्ता आम बात है।

स्टैक्ना मोनेस्ट्री सिंधु किनारे स्थित है और बेहद खूबसूरत स्थान पर है।

मनाली-लेह मार्ग पर ऐसे ही तंबुओं का सहारा होता है। इनमें खाने-पीने से लेकर रुकने-ठहरने तक की सभी सुविधाएँ होती हैं।

ऐसे ही एक तंबू में बैठा लेखक

नामिक-ला के आसपास का भू-दृश्य बड़ा ही रोमांचक है।

कारगिल-द्रास मार्ग

www.ingramcontent.com/pod-product-compliance
Lightning Source LLC
Chambersburg PA
CBHW031258110426
42743CB00040B/729
9789387390027